나의 계절이 오면

『나의 계절이 오면』을 엮으면서

한소민
충남대학교 평생교육원
〈내 삶의 스토리텔링〉 강사

'네모난 강의실이다. 앞 벽면을 채우고 있는 긴 사각형의 스크린에는 천장에 매달린 두툼한 네모의 빔 프로젝터에서 나오는 빛이 담기고 있다. 그 빛이 전하는 정보를 길쭉한 사각형 책상에 앉은 사람들이 보고 있다. 강의실의 모든 것이 네모의 각을 이루지만 그 안에 있는 사람들의 표정은 부드럽고 따뜻하다…'

지난 주 '내 삶의 스토리텔링' 시간에 강의실 풍경을 묘사해 준 주현지 님의 글입니다. 뒤이어 열 명 조금 넘는 수강생들이 각각의 모습과 특징에 따라 담겨 있었는데『나의 계절이 오면』의 네 명의 저자들도 '딸의 이야기에 귀 기울여 줄 것 같은 아빠'나 '진실하게 자신의 이야기를 쓰시는 분' 등으로 그려지고 있었습니다.

'내 삶의 스토리텔링' 수강생들은 실은 한자리에 모여 있는 것이 신기할 만큼 제각각입니다. 20대에서 60대까지 연령도 다양하고, 그동안의 삶의 이력도 지금 하는 일도 저마다 다 다르지요. 하지만 모두 글쓰기를 통해 진실하게 자기를 대면하며 세상을 좀 더 부드럽게 만나기를 소망하고 있는 사람들입니다. 문학이라는 길 위를 서성이고 있는 길동무이기도 하구요. 매주 목요일 저녁 7시가 되면 함께 모여 이야기 나누고 글을 쓰고 하던 수강생 중 네 명이 마음을 모아 『나의 계절이 오면』이라는 제목의 수필집을 내게 되었습니다.

김정현 님의 글은 고요한 숲속을 거니는 느낌입니다. 신선하고 맑은 기운이 글을 읽는 내내 가슴에 차오르곤 하지요. 자신만의 방어막이 있어 세상에 물들거나 오염되지 않을 것 같은 정현 님의 선한 문장들에선 늘 마음이 정화되곤 합니다. 네발자전거의 뒷바퀴를 떼고 두 바퀴로 타게 되었을 때의 그 의기양양함과 누나가 사 준 신발을 벗어들고 빗길을 뛰어가던 모습을 읽어 내려갈 때면 살아가느라 점점 더 짙어져 있던 제 안의 어둠도 환하게 밝아져만 갑니다.

항상 긍정적인 에너지를 보여주는 박춘걸 님은 강의실에 생기를 불어넣는 분위기 메이커입니다. 글에서도 밝은 기운이 전해지기에 읽으면 기분이 좋아집니다. 지역감정이 어마어마하던 시절, 경상도에서 전라도 깽깽이라 불리며 학교를 다녀야 했던 그는 친구들에게 따돌림을 받기도 했지만 그 어느 것도 그의 본성을 해치진 못했습니다. 알고 보면 겪을 것 다 겪어가며 살아간 그이지만 자기 자신과 타인을 사랑하는 마음을 잃지 않았기에 여전히 긍정적이고 밝은 마음으로 세상을 만나고 있습니다.

이름에 대한 에피소드를 재미있게 풀어나간 배달희 님은 당신의 삶을 글로 담아 자서전을 써 보는 것이 꿈입니다. 글에 대한 애정이 남다른 그는 정년을 앞둔 지금, 누구보다도 치열하게 살아왔던 지난 삶을 돌아보며 자신에 대한 성찰과 주위 사람들에 대한 애정 어린 시선으로 글을 쓰고 있습니다. 열여섯에 시집 와 대가족을 건사하다 이제는 호미 같이 구부러진 어머니와 지금은 저 세상으로 간 형님 같았던 친구에 대한 애틋함 등이 표현된 부분에선 그 진솔한 고백에 가슴 먹먹해집니다.

하윤호 님은 담백한 문장으로 지나온 생애의 우여곡절들을 전하고 있습니다. 어린 마음을 놀라게 했던 어머니의 통성기도 모습이 그려지기도 하고, 초등학교 시절 버스 통학 길에 우연히 마주친 소녀와 군대에서 만난 여인까지 사랑의 아련함이 떠올려지기도 하고, 살면서 겪었던 온갖 고난들을 담담하게 풀어 놓기도 합니다. 그의 글에 담긴 진실한 문장들을 마주하노라면 저절로 고개 숙여 나 자신을 점검하게 됩니다. 멋진 화초처럼 보이는 그가 실은 처절하게 잡초로 살아왔음을 고백할 때, 그의 마음에 더욱 가까이 다가가게 됩니다.

글쓰기는 자신의 생각과 감정을 표현하는 것입니다. 보고 듣고 만나고 경험하는 모든 것이 글감이 될 수 있는 거지요. 하지만 보이는 것에 끌려다니고 세상에 흔들리느라 자신의 내면을 돌보지 않는다면 바람직한 글이 나올 수 없습니다. 밖으로만 향하는 눈길을 안으로 돌려 자기 자신으로 들어올 때, 내면 깊숙한 곳의 나를 마주하며 진실하게 자신을 만나게 될 때 그때 비로소 진정한 글쓰기가 시작되는 것입니다.

지난 시간을 돌아보고 새로운 시간들을 준비하고 있는 네 남자의 이야기를 담아 보았습니다. 모쪼록 새로운 계절을 준비하는 네 남자의 인생이야기가 재미있고 유익하게 잘 읽혔으면 하는 바람입니다.

차 례

『나의 계절이 오면』을 엮으면서   한소민   3

김정현

얼음   13
네발자전거   16
나는 계절이 되고 싶다   18
누나와 신발   21
엄마의 한라산   25
내게도 사랑이   28
안경   31
중국집   35
방구석 미용실   38
신발과 일주일   41

박춘걸

'봉고', 낭만에 대하여   49
다섯 번의 4학년   53
전라도 깽깽이   57

너무 다른 그녀	61
마법 같은 아내의 손	65
엄마의 밥상	69
고향이 어디세요?!	72
아들에게 보내는 편지	75
연필이 지나고 글이 남는다	79
연필이 지나고 글이 남는다 with ChatGPT	82
나는 거울이다!	84
벚꽃의 유혹	88
늙는다는 착각	91

배달희

엄마와 호미	97
그리운 친구를 생각하며	100
언제쯤 내려놓을 수 있을까?	104
내 이름은요	107
수제비 한 그릇	111
약속 위반은 범죄	115
지금 농촌은 바쁘다	119
단풍 든 사람도 꽃보다 아름답기를	123
우리 집 김장하는 날	127
선택의 갈림길에서	131

하윤호

뭉게구름	137
붕어빵	143
누이의 첫사랑	148
가방	153
연필	157
삶	161
인도 홀리축제	165
잡초	170
둘째사랑	175
이별여행	190

김정현

얼음
네발자전거
나는 계절이 되고 싶다
누나와 신발
엄마의 한라산
내게도 사랑이
안경
중국집
방구석 미용실
신발과 일주일

12   나의 계절이 오면

얼음

　사월의 봄비가 먼지를 털어낸 자리에 더운 공기를 데리고 왔다. 모처럼 쉬는 평일이었다. 먹다 남은 국을 데워 가벼운 점심을 때우고 모처럼 카페로 향했다. 시원한 라떼와 빵 한 조각을 주문하고 주말보다 한적한 카페의 자리를 골라 앉았다.

　부드럽고 고소한 라떼를 기다리며 차분히 몸을 식혔다. 잠시 후 유리잔에 아직 섞이지 못한 우유와 커피가 얼음과 함께 담겨 나왔다. 빨대를 들어 제일 위에 떠 있는 얼음을 천천히 바닥까지 밀어 넣었다. 라떼를 섞는 이 시간은 정말 소중한 순간이었다. 빨대로 유리잔 안에 회오리를 만든다. 얼음들 부딪히는 소리. 어린 시절 호주머니 속 유리구슬들 구르는 소리, 시장에서 산 호두가 봉지 안에서 서로의 껍질 부대끼는 소리가 난다.

　솔바람에 회전하는 선풍기 날개처럼 유리잔 안을 도는 얼음. 매일 보는 얼음인데 조금씩 줄어드는 모습에 왠지 슬퍼진다. 십분의 일만 떠오른 채로 말없이 녹아가는 얼음의 운명을 생각했다.

　차갑다. 딱딱하다. 두 형용사로 요약된 얼음은 세상에 나오는 순간부터 녹아 사라질 일만 남았다. 생선 아래 깔려 비린내로 죽어가는 얼음,

냉채 국에 빠져 흐느적거리며 죽어가는 얼음도 녹아 사라질 것이다. 추운 겨울에 태어나도 넉 달을 버티지 못하고 봄이 오면 사라지는 눈도 얼음과 같은 운명을 가졌다.

차가운 유리잔을 들어 방금 숨이 멎은 얼음을 마신다. 다시 잔을 내려놓으면 아래에 갇혀 있던 얼음이 자리를 비집고 사그락 위로 떠오른다. 주둥이만 빼꼼 내밀고 숨 쉬는 붕어를 닮았다. 수면 위로 숨을 쉬고 싶었던 물이 소원을 이루는 대신 딱딱해지는 미지의 거래라도 한 것일까. 인간은 그걸 입자의 배열과 밀도의 차이로 인한 현상이라고 일컫지만 과학은 인간이 그은 하나의 선에 불과했다. 우리 역시 미지의 거래로 물에 빠져 정수리부터 십분의 일만 떠오르면 인중까지 물에 잠긴다. 말도 할 수 없다. 눈을 껌뻑이며 코로 숨만 쉬는 얼음 같은 존재가 될 것이다.

흔적도 없이 녹아 사라지는 운명. 그런 운명이라면 나는 물과 얼음 중에 무엇으로 태어나고 싶을까 괴로워하다가 북극의 빙하까지 생각하게 된 것이다.

빙하의 대륙에서 떨어져 나온 빙하는 작은 섬이 된다. 그 섬은 바다를 자유롭게 표류한다. 파도의 흐름 속에서 그 섬은 좁아지고 발 디딜 곳이 사라져 결국 바다가 되는 것이 그 섬의 운명이다.

그래서 물과 얼음의 운명 중 하나를 고르라면 빙하가 되고 말겠다. 바다가 될 운명 속에서 내 빙하의 마지막 순간은 북유럽의 어느 해안가에서 맞이하고 싶은 것이다.

 그곳은 부서지는 파도에 밀려온 빙하들의 무덤이었다. 끝을 앞둔 빙하들은 투명하고 반짝였다. 해변에는 아름다운 빙하의 마지막을 보기 위해 사람들이 모여들었고 그 중 누군가가 빙하를 다이아몬드라고 불러주었다. 투명하고 반짝이는 보석과 닮아 붙여진 이름이었다. 그리고 머지않아 모두가 그렇게 불러주었다. 다이아몬드 해변에서 빙하들은 잠이 들었고 그 깊숙한 곳을 들여다보면 꿈을 꾸고 있었다.

 다 비운 유리잔 바닥에는 이제 얼음들만 남아 있었다. 서로의 체온을 붙잡고 다시 태어나려 몸을 녹이면서도 애써 살아보려고 뭉쳐 있었다. 서서히 사라지는 이 얼음에게도 꿈이 있을까. 그렇다면 언젠가 아주 멀리 떨어진 바닷가에서 다이아몬드가 되는 꿈이었으면 좋겠다.

네발자전거

아저씨는 네발자전거의 보조바퀴를 떼면서 '이제 다 컸네'라고 말했다. 그 말에 신나서 쪼그려 앉은 아저씨의 정수리에 대고 네발자전거와 함께 한 모험담을 늘어뜨렸다. 함께 온 엄마가 까불지 말라고 했는지 조용히 계셨는지 기억나지 않지만 내 뒤에 서있던 것은 기억한다. 두발자전거를 타기 위해 초등학교로 향하는 길, 자전거를 끌어주는 엄마 곁을 빙글빙글 맴돌며 방정을 떨다보니 어느새 교문을 지나고 있었다. 운동장에는 공놀이를 하는 아이들과 정글짐에서 술래잡기 중인 아이들이 활기차게 먼지를 일으켰다. 너도 내년이면 친구들과 운동장에서 뛰어놀게 될 거란 엄마의 말은 귓바퀴에 머물다 공중으로 흩어졌다. 엄마에게 중요했던 사실이 지금 내겐 중요하지 않았다. 그 순간 자전거를 타는 일이 인생에서 제일 중요한 일이었다.

발을 구를 시간이 됐다. 당당하게 안장에 올라탔지만 힘이 실린 팔과 어깨는 움츠러들었다. 손잡이를 잡아 펼쳐진 반팔 옷깃 사이로 살랑대는 선선한 바람이 불었다. 고개를 들어보니 구름 한 점 없는 하늘에 하루살이들이 구경꾼처럼 떼로 모여 머리 위를 뱅뱅 돌았다. 정신이

사나워 하루살이들에게 전부 꿀밤을 때리고 싶었다.

　뒤에서 자전거를 미는 엄마의 말에 맞춰 발을 굴렀다. 한 쪽 발을 지구의 한 가운데로 밀어 넣으면 튀어 오르는 반대 발을 다시 있는 힘껏 심장에서 멀리 밀어냈다. 머물던 주변 공기가 점점 바람이 됐다. 나무들이 서서히 움직였다. 어렵지 않았다. 쉬지 않고 발을 굴렀다. 제법 차가운 바람이 손가락 사이로 파고들었다. 분명 방금 전까지 엄마는 내 뒤에 있었는데 뒤를 돌아보니 아이들처럼 작아졌다. 두 발 자전거를 타고 본 초등학교는 누나랑 놀 때보다 훨씬 작았다. 긴 학교의 반대편까지 한달음에 갔다가 돌아오기를 몇 번 하니 멀리서 나를 부르는 소리가 들렸다.

　두 바퀴를 떼어준 아저씨의 가게를 지나 집으로 가는 길, 엄마는 더 이상 자전거 끄는 걸 도와주지 않았다. 약간 섭섭했지만 네발자전거를 타며 지나가는 동네 친구를 보니 어깨가 으쓱 올라가 투정할 수 없었다.

　그날을 생각하면 자전거를 밀어주던 엄마의 나이가 몇 년 뒤의 내 나이가 된다는 사실에 코끝이 맵다. 네발자전거에서 두발자전거를 탄다는 일은 네 발로 기어 다니는 아이가 두 발로 걷는 일이 아닐까 싶다. 이제 두 발의 아이는 더 멀리 갈 수 있는 힘을 갖는다. 부모의 품에서 더 멀어진다. 다른 도시로, 다른 사람에게로 가까워진다. 그리고 그 아이는 다른 도시에서 다른 사람과 또 다른 아이의 자전거를 밀어줄 것이다.

나는 계절이 되고 싶다

　내 하루는 일 분이라도 더 자려는 몸과 어서 움직이라는 나의 정신이 침대 위에서 벌이는 끈질긴 실랑이로 시작한다. 중요한 회의나 내세울 만한 행사가 없는 한 나의 정신은 설득력을 잃는다. 덕분에 온몸으로 강한 주장을 펼치는 나의 팔다리가 이불을 놓지 않고 침대에 몇 분 더 버티는 일로 아침을 맞이하는 게 일상이다. 바쁜 와중에 아침밥까지 꼬박 챙겨 먹고 서둘러 주차장으로 향한다. 주차장 입구에 늘 친구를 기다리는 한 중학생을 마주친다. 나의 학창 시절과 똑 닮은 그들을 부러워하며 운전석의 안전벨트를 맨다.
　시끄러운 노래보다 마음을 차분하게 만들어주는 노래를 듣는다. 넓은 도로로 들어서면 여기저기에서 밀려드는 많은 차들이 마치 나의 출근을 막으려는 기분이 든다. 그럼에도 난 회사에 가야한다. 계획적인 성격 탓인지 아침부터 생각하지 않으려 해도 회사에 도착하면 오늘은 무엇을 해야 할지 떠올린다. 계획들을 머릿속으로 정리하는 사이 벌어진 앞차의 꽁무니를 뒤쫓아 간다. 옆으로는 승객이 꽉 찬 버스가 달린다. 지난달 버스전용차로 위반 고지서가 날아왔다. 이름 모를 누군가가 나를 신고했는데 그 덕에 전용차로의 실선과 점선의 차이를 알게 되었다. 오만 원짜리 과외인 셈이다. 이렇게 나의 선생은 도로 위에도 있었다. 잠깐 과외선생님 생각을 하는 동안에 벌어진 앞차와의 공간 사이로 차 한 대가 위험하게 끼어들었다. 좀 전에 큰 교차로에서 경적을 울리며 앞질러 간 차였는데 고작 내 옆에 있다가 이제야 한 칸 앞서 있다니 헛웃음이 나온다. 주차를 하고 직장까지 십 분을 또 걸어가야 한다. 회사로 향하는 발걸음이 무척 빠르다. 그렇다고 회사가 좋은 건 아니다. 단지 늦었을 뿐이다.

아홉 시다. 시곗바늘의 시침과 분침이 딱딱한 직각을 이루고 앉아있다. 그래도 나처럼 거북목은 아니다. 서랍을 열고 오늘의 일이 되어버린 어제의 일들과 새롭게 밀려드는 내일의 일들이 계속해서 내 자세를 무너뜨린다. 카페인이 일하는 건지 내가 일하는 건지 구분 짓기 어려운 시간이 지나면 어느덧 여섯 시가 가까워진다. 책상 위에 놓여있는 내일의 것들을 한데 차곡차곡 모아 서랍장에 던진다. 여섯 시다. 시곗바늘이 자리에서 일어선다.

주차장으로 돌아가는 길. 나는 느린 발자국을 남겼다. 회사와 멀어지기 아쉬운 건 아니었다. 여전히 밖이 밝은 걸 보니 어느새 해가 길어졌다. 가끔 누군가는 해가 높아졌다고 말했다. 둘 다 같은 말이다. 하루가 또 다른 하루를 밀어낸다는 어느 노랫말처럼 나의 계획과는 상관없이 지구가 또 한 바퀴를 돌았다.

실선을 달리던 겨울이 천천히 점선을 지나 봄으로 옮기는 중이었다. 계절은 내가 딴생각에 잠겨도 둘 사이의 간격을 만들지 않아 쫓아갈 이유가 없어서 좋았고, 계절은 해가 지는 오늘과 이둠이 내리는 내일의 사이에도 끼어들 틈을 만들지 않아 다행이었다. 그런 계절은 나에게 힘들었던 하루의 걸음을 멈추고 노을을 보게 만들었다.

우리는 살아가는 동안에 좋아하는 계절을 묻는 물음에 수십 번을 마주했다. 그리고 이어진 수백 번의 대답 속에서 나는 여전히 모든 계절을 싫어한다고 답한 어떤 이를 마주한 적이 없었다. 그저 좋아하는 계절이 돌아올 때까지 묵묵히 견디는 이를 보았고 좋아하는 계절을 찾아 한 손에 비행기 표를 들고 서성이는 이를 보았다.

이렇게 계절이 된다는 것은 나를 위해 수많은 날을 참고 기다리는 이와 나를 찾아 먼 길을 돌아오는 이가 살아있다는 사실만으로 세상을 견딜 수 있는 기대를 주는 것이다. 그래서 나는 누군가의 계절이 되고 싶다. 돌아오는 계절을 기다리는 누군가를 위해서 말이다.

누나와 신발

누나는 그 흔한 재수나 휴학 한 번 한 적이 없었다. 대학을 졸업하자마자 간호사가 됐고 대학병원에서 바로 일을 시작했다. 그때가 스물셋이었다. 이십대가 끝나갈 무렵 가고 싶은 병원으로 직장을 옮길 때도 긴 휴식 같은 건 없었다.

누나의 서른다섯이 끝나갈 무렵에 나의 조카가 태어나면서 십이 년 만에 처음으로 휴직을 내고 쉬게 되었다. 비록 우리 집의 가계가 기울어서 어쩔 수 없이 가족을 위해 일만 했다는 극적인 이야기는 등장하지 않지만 그저 조금만 힘들면 시도조차 않고 입사와 퇴사를 밥 먹듯이 하는 젊은 친구들과 다르게 꾸준히 출근하는 누나가 대단하다고 늘 생각했다. 가끔은 울면서도 출근하는 누나가 독하다고 생각했다.

누나는 그렇게 열심히 번 돈으로 나의 고등학교 졸업 기념 선물로 운동화를 사주었다. 누나가 사준 첫 번째 운동화였다. 새내기 간호사가 얼마나 힘들게 돈을 벌었는지 알 리 없는 동생은 누나를 따라 백화점에 갔다. 유명한 브랜드 가게들이 줄지어 있었고 가게의 벽면은 천장부터 바닥까지 신발로 가득했다. 몇 개의 신발을 신어보고 벗어보고 점원에게 둘러보고 다시 오겠다는 형식적인 인사말을 네 번쯤 반복한 뒤에야 누나가 골라준 운동화를 샀다.

그 운동화를 신고 대학교에 입학했다. 넓은 대학교에서 이곳저곳으로 수업을 들으러 다닐 때 운동화는 함께했다. 때론 잔디밭에 돗자리를 펴고 운동화는 내팽개친 채 술을 마셨고 늦은 새벽 길거리에 남긴 구토의 흔적이 운동화에 묻기도 했다. 좋아하는 사람과 아무도 없는 한적한 공원을 거닐 때도 운동화는 다 알고 있었다. 그렇게 운동화가 수없이 접혔다가 펴졌고 주름진 발등의 실밥이 터지기 시작했던 어느 날이었다. 수업이 끝나고 점심을 먹으러 가는 길에 친구가 말을 꺼냈다.

"어제 운동화를 사러갔는데 네가 신은 운동화는 비싸서 신어보지도 못했어"

어깨가 으쓱했다. 나는 발을 앞차기 하듯 쭉 뻗어 친구들 모두가 볼 수 있게 신발을 내밀었다.

"그래? 비싼 거였어? 누나가 사준 거라 잘 몰랐는데"

좋은 누나가 있다는 점을 강조하고 싶어 누나란 단어를 더 정확하게 발음했다. 하지만 철없는 자랑은 오래가지 못했다. 내 친구들 중에서도 첫째인 친구들은 현실적인 경제 문제에 부딪혀 대학생활 한 달 만에 아르바이트를 구했다. 나 역시 여름방학이 되면서 편의점에서 아르바이트를 시작했고 첫 월급을 받았다. 진상 손님들을 물리치며 받은 소박한 월급을 손에 쥐게 되서야 누나가 사준 신발의 금액이 누구에게나 선심 쓰듯 사주는 캔커피 같은 돈이 아니란 걸 배우게 되었다. 여름방학

이후로 누나가 사주는 신발의 가격은 숫자 다섯 개로만 만들 수 있는 금액만 골랐다.

　두 번째 운동화는 군대 전역 선물로 사준 신발이었다. 두 번째 신발과 함께 대학생활은 이어졌다. 그리고 사학년 졸업반에 올라가고 장마가 시작되는 계절 즈음 하얀색 운동화에 검은 로고가 새겨진 세 번째 신발을 선물 받았다.
　하얀색 운동화를 처음 신고 집을 나서자마자 가장 먼저 백 미터 달리기를 하고 싶었다. 그만큼 가볍고 부드러웠다. 발에도 딱 맞았다. 하지만 온종일 신경이 쓰였다. 식당에선 빨간 국물 자국이 남을까 조심스러웠고, 계단을 오를 땐 모서리에 부딪혀 검은 자국이 생길까봐 아래를 살피며 다녔다. 책상과 의자 쇠붙이에 닿아 먼지라도 묻을까봐 수업시간 내내 얌전했다. 첫 외출을 무사히 마치고 집에 오는 버스에 올랐다. 평소보다 신경을 기울여서 그랬을까. 피곤이 몰려와 버스 창문에 머리가 부딪히는지도 모르고 잠깐 잠이 들었다. 그리고 눈을 떴을 때 화들짝 놀랐다. 초여름 다섯 시에 해가 졌다. 아니 해는 먹구름에 가려졌다. 이윽고 소나기가 내리기 시작했다. 버스 문이 열리자마자 단숨에 집으로 뛰었다. 어쩐지 달리기가 하고 싶은 신발이었다. 빗방울은 점점 더 굵어졌다. 중간쯤 다다랐을 때 대나무처럼 퍼붓는 비를 피하려 놀이터에 멈춰 섰다. 이대로 가다간 새 신을 지킬 수 없었다. 결국 신발을 벗었다. 그리고 양손에 한 짝씩 잡았다. 그리고 남은 오백 미터를 양말

차림으로 달렸다. 첫날부터 구정물에 새신을 더럽히는 것보다 훨씬 낫다고 생각했다.

  현관문을 열고 털썩 주저앉아 실없이 웃었다. 어릴 적 친구들과 비를 맞아가며 축구를 하던 느낌이 몸 안에서 올라왔다. 비록 쫄딱 젖었지만 현관에 놓인 새하얀 신발을 보며 행복했던 하루를 떠올렸다.

엄마의 한라산

　엄마는 제주도가 두 번째였다. 이십년 전 진눈깨비가 내리던 추운 겨울에 초등학생 아들과 곧 중학생 교복을 입는 딸 그리고 남편과 함께 한 여행이 첫 번째 제주도 여행이었다.
　그 후로 가족들이 각자의 이유로 몇 번의 제주도를 가는 동안 엄마의 역할은 베란다 구석에서 여행 가방을 꺼내 짐 싸는 모습을 소파에 앉아 구경하거나 무사히 돌아온 그들의 짐을 정리해주는 일이었다. 기념품으로 사온 감귤 초콜릿으로 아쉬운 마음을 삼키며 가방을 다시 넣었을 것이다.
　이번 여행에서 엄마는 주인공이 됐다. 여행 가방에 옷가지를 챙겨 공항으로 향하는 주인공이었다. 삼박사일만 지나면 동창회 모임에서 친구들이 삼다도의 돌과 바람을 자랑할 때 혼자서 삼 년은 더 지난 통영 케이블카 이야기를 섞어가며 부러운 마음을 달래지 않아도 됐다.

　우리는 점심을 먹기 위해 공항에서 차로 삼 분 떨어진 미역국을 파는 가게로 갔다. 육지였다면 누가 미역국을 사먹냐면서 가족의 생일 때마다 이른 새벽부터 미역국의 간을 맞추던 엄마였을 텐데, 엄마는 비싸단 말 대신 맛있단 말을 입에 달고 성게미역국을 바닥까지 비웠다. 가게를 나와 살짝 부른 배를 쓰다듬으며 가까운 오름을 올랐다. 오름의 얕은 꼭대기에서는 제법 푸른 바다와 공항이 한눈에 들어왔다. 바다와 맞닿은 하늘에는 비행기들이 연이어 곡선을 그리며 이륙과 착륙을 반복했다. 엄마는 비로소 제주도에 왔다며 콧노래를 흥얼거리며 어서 사진을 찍어보라면서 내 앞에서 자꾸 자세를 바꾸어 보았다.

둘째 날 이른 새벽부터 엄마를 깨운 건 다행히 생일 미역국이 아니었다. 저 멀리 달의 표면처럼 점점 밝아오는 한라산이었다. 엄마가 제주에 온 목적은 한라산이었다. 지난 세월 아빠와 함께 전국을 누비며 산에 올랐는데 둘에게 있어 등산이란 멋진 풍경을 감상하면서 덤으로 김밥과 컵라면이 나오는 착한 식당과 같았다. 그 중 한라산은 가장 높고 훌륭한 식당이었다.

등산로 입구로 가는 길에 어김없이 김밥과 컵라면을 샀다. 새벽어둠만큼 짙었던 안개가 점점 굵어지는 햇빛에 서서히 부서졌다. 등산로로 손을 뻗어 반겨주는 풀잎들의 이슬을 떨어가며 올랐더니 어느새 이슬 대신 손등에 구름이 스쳐갔다. 그리고 마침내 구름 끝에 나타난 한라산 정상에 섰다. 하늘도 맑아 복이 있는 자만 볼 수 있다는 백록담의 오목하게 들어간 한가운데까지 눈에 담을 수 있었다. 멋진 풍경이 보이는 자리를 잡고 컵라면에 물을 부으며 엄마의 얼굴을 바라보았다. 누군가

여행은 체력이라고 말했는데 엄마의 얼굴은 행복으로 상기되었고 힘든 내색을 찾기 어려웠다. 나보다 산을 잘 타는 엄마를 보니 진정한 여행가가 늘 내 옆에 있다는 걸 이제야 깨닫게 되었다.

 나흘 동안의 여행을 무사히 마치고 섬에서 멀어지는 비행기의 창가 자리 주인은 이번에도 엄마였다. 피곤하지 않냐는 내 말에 창문만 바라보던 엄마는 고개를 돌리지도 않은 채 비행기에서 보는 하늘이 아름답다고, 시간이 아깝다고 말했다. 난 피곤을 핑계로 살며시 찡한 눈을 감았다. 나는 더 묻고 싶은 게 많았지만 목이 막혔다. 왜 이십년 전 제주도에서 찍은 사진 속에서 엄마만 말에 타지 않았는지, 흑돼지를 똥돼지라 부르며 젓가락을 일찍 내려놓았는지 묻고 싶었다.

 다시 말을 타기 위해, 맛있는 고기를 먹기 위해 이십년을 기다려 온 엄마에게 삼박사일은 얼마나 짧은 시간이었을지 헤아렸다. 그리고 앞으로 몇 번의 제주와 한라산이 남았는지 세 보았다. 그리고 긴 세월 묻어두고 지냈을 엄마의 수많은 소원들이 이제는 엄마와 아내가 아닌 채로 세상 밖으로 나올 수 있기를 바랐다. 그리고 그 순간마다 나도 늘 함께하기를 바랐다.

내게도 사랑이

　조그만 자동차 장난감을 가지고 놀던 꼬마 시절의 우리 집은 길쭉한 모양이었다. 현관문을 열면 바로 왼쪽에 피아노로 배부른 작은 방 하나가 있었다. 다시 앞으로 세 걸음이면 부엌과 화장실 한 가운데쯤이었고, 또 같은 방향으로 네 걸음이면 작은 방문턱을 지나 거실이 나왔다. 마지막으로 맨 끝에는 베란다가 붙어 있었다.
　거실에는 전축이 한 대 있었다. 또 이불 장롱과 뚱뚱한 텔레비전이 거실의 반을 그리고 나머지 반은 침대가 차지했다. 좁은 공간에도 전축은 늘 자리 한편에 마을 고목처럼 늠름히 서 있었다.
　여느 때처럼 거실에서 손바닥만한 장난감 자동차를 가지고 놀고 있었다. 하늘은 지나가는 구름 한 조각 없이 화창했다. 따뜻하고 약간은 더운 날이었다. 엄마는 빗자루를 내려놓고 현관문을 열었다. 그리고 반대편 베란다 창문을 활짝 열었다. 희미했던 햇빛이 밝아지더니 거실 한가운데까지 쭉 드러누웠다. 곧이어 길쭉한 우리 집을 바람들이 달리기 경주를 하듯 우르르 계속해서 불어 지나갔다. 가지고 놀던 장난감 자동차가 도로를 달리는 것처럼 씽씽거렸다. 엄마는 봉걸레를 가져왔다. 그리고 전축 앞에 서서 무언가를 뒤적거리고 몇 개의 버튼을 누르더니 노래가 흘러나왔다.

긴 세월 흘러서가고
그 시절 생각이나면
못 잊어 그리워지면
내 마음 서글퍼지네

내게도 사랑이
사랑이 있었다면

그것은 오로지
당신뿐이라오

순간 내 안에 숨겨진 감각이 돋았다. 초콜릿을 처음 먹는 아이처럼. 이륙하는 비행기에 처음 앉은 사람처럼. 두발자전거를 처음 타는 아이처럼. 파도를 처음 본 순간처럼……. 멍하니 전축을 바라보다가. 봉걸레를 잡고 흥얼거리며 춤을 추는 엄마를 한 번 올려보다가. 햇빛에 반사된 떠다니는 먼지를 응시하다가 다시 전축 안에서 동그랗게 돌아가는 테이프를 노래가 끝날 때까지 바라보았다.

몇 년을 지나지 않아 우리 집은 이사를 갔다. 훨씬 더 넓은 집이었지만 전축은 따라오지 못했다. 대신 전축의 반의 반만한 손잡이 달린 오디오가 노래를 들려주었다. 그 다음은 반의 반의 반보다 작은 장난감만한 엠피쓰리란 기계로 노래를 들었다. 그리고 지금도 나는 자동차로 도로를 운전하다가 심심할 때면 내게도 사랑이를 크게 틀고 흥얼거린다. 그럴 때마다 산호초 같은 수백의 감각들 사이에 파묻혀 있던 작은 감각 하나가 몸속에서 간질거리는데, 그 기분이 마치 그 시절로 돌아가게 하는 것만 같아서 좋다.

안경

　자습 수업 시간 담임선생님께서 조용히 나를 앞으로 부르셨다. 선생님의 책상 위에는 좀 전에 치른 수학 쪽지 시험에서 빵점을 맞은 내 시험지가 놓여 있었다. 반에서 일이 등은 내 몫이었는데 심각한 일이었다. 선생님은 나를 다독여주며 시험 점수는 중요하지 않으니 지금 바로 부모님과 함께 안경점에 다녀오라고 말씀하셨다. 그리고 백점 맞은 친구의 시험지를 내 시험지 옆에 나란히 놓으셨다. 나의 시험지는 정답을 틀린 게 아니었다. 제대로 쓴 문제가 하나도 없었다. 칠판에 적힌 숫자를 보이는 대로 적고 답만 맞게 풀었던 것이다.
　엄마는 전화를 받고 큰일이라도 난 듯 교문 앞으로 바로 마중을 나오셨다. 이제 초등학교 사학년이 되었는데 벌써 안경을 쓰면 어떡하냐는 걱정을 하셨지만 그 와중에도 철부지인 나는 또래들이 갖지 않은 무언가가 생길 거란 사실에 살짝 설렜다. 들뜬 티를 내면 더 혼날 거 같아 겉으로는 시무룩한 표정을 지으며 엄마의 뒤를 따라갔다.
　안경점은 신비로웠다. 마법 세계의 마법사들이 인간 세계로 드나들기 위한 비밀 통로로 사용하는 상점 같았다. 이내 흰 가운을 입은 안경사 선생님이 어두운 방으로 안내했다. 그 안에서 멀리 보이는 흰색 화면 속 숫자를 읽었는데 내가 숫자를 점점 느리게 읽을수록 엄마의 표정도 점점 어두워졌다. 그제야 이곳에 온 게 좋은 일이 아님을 깨달았고 어두운 방에서 안간힘을 써가며 숫자를 읽었다.

결과는 쪽지 시험만큼 좋지 않았다. 안경사는 시력이 낮아 안경을 쓰고 지내야 한다고 했다. 엄마는 안경알은 좋은 걸로 하고 안경테는 저렴한 것을 보여 달라고 하셨다. 줄지어 누워 있는 안경테 중 하나를 골라 쓰고 거울을 보고 다시 벗었다. 그래도 이왕이면 잘 어울려야 할 텐데 처음 쓰는 안경은 예쁜 것이 하나도 없었다. 나름 지적으로 보이는 안경테 하나를 골랐다. 방 안에서 공장에서 날 법한 앙칼진 소리가 나더니 금세 안경이 완성됐다.

안경을 쓰니 세상이 선명해졌다. 비로소 시력이 낮은 걸 알 수 있었다. 그렇게 나와 세상 사이에는 유리알 하나가 가로놓였다. 어떤 소설 문장 중에 '저 달과 내 사이에 가로막는 것이 아무것도 없다는 말에서 나는 빠지게 된 날이었다.

학교로 돌아오고 쉬는 시간이 되자 친구들이 내게 모여들었다. 안경 쓴 내 모습을 놀리기도 하고 궁금하다며 안경을 가져가 써본 친구는 어지럽다는 등 세상이 찌그러져 보인다는 등 우스꽝스러운 소리를 했다. 나는 모르고 살아도 되는 비밀을 먼저 알아버린 사람처럼 안경을 다시 가져오며 손가락으로 살짝 추켜올렸다.

사실 시력이 나쁜 이유는 처음 안경 쓴 날에도 분명히 알았다. 더 어릴 적에 텔레비전 앞에 바짝 붙어 바닥에 드러누운 채 하루 종일 텔레비전을 본 탓이었다. 멀리 떨어지라는 엄마의 말을 귓등으로 듣고 가볍게 생각했기에 콧등 위에 내려진 벌이었다.

안경을 쓴 당시에는 만화로 된 그리스 로마 신화가 유행이었는데 마침 콧등이 받은 벌이 그리스신화에 나오는 아틀라스와 시시포스 이야기와 닮았다. 올림포스의 신들로부터 벌을 받은 아틀라스는 어깨로 하늘을 떠받쳐야 했고, 제우스의 벌을 받은 시시포스는 바위를 산꼭대기로 밀 때마다 반대편으로 굴러간 바위를 다시 산꼭대기로 올리는 형벌을 받게 되었다. 이 모습이 마치 달릴 때마다 흘러내리는 안경을 올려 쓰면 다시 콧등 아래로 흘러내려오는 내 모습 같았다.

결국 안경을 썼다는 특별해진 기분은 오래가지 못했다. 모두가 나의 안경 쓴 모습에 익숙해져갔고 몰랐어야 할 비밀을 알게 된 대가는 몹시 고달팠다. 라면을 먹을 때는 유리알에 김이 서렸고 수영장에서는 앞사람만 의지한 채 팔을 저었다. 하루에도 수십 번 희미한 세상과 선명한 세상이 번갈아가는 불편한 나날이었다.

시간이 지나 의학의 기술로 안경에서 해방되었다. 대신 엄마의 시력이 낮아지고 있다. 요새 엄마는 스마트폰 동영상에 빠져 소파에서도 침대에서도 불을 끄고 잠들기 전까지 작은 화면을 본다. 그럴 때마다 나는 옆에 앉아서 그 무시무시한 신화 속 벌에 대해서 이야기한다.

'있잖아 엄마, 옛날 신화에 이런 이야기가 있어……'

중국집

   그 시절의 주말 아침에는 공 하나만 있어도 학교 운동장으로 친구들이 모여들었다. 축구공이 포물선을 그리는 소리와 아이들이 운동장을 가르는 소리에 약속이라도 한 듯 새집 머리를 한 친구들이 신발을 구겨 신고 달려왔다. 머리 위로 포물선을 그리는 축구공을 따라서 태양도 포물선의 가운데에 멈춰있을 즈음 우리는 각자의 집으로 흩어졌다. 끝이란 단어 없이 더 놀고 싶던 어느 날에는 돌아가는 길에 친구랑 대화를 하다 보니 결국 친구의 집 앞까지 간 적이 있었다. 친구가 안에서 엄마의 눈치를 보며 허락을 받는 동안 나는 문 밖에서 땀으로 젖은 티셔츠를 조금이라도 말리려 옷자락을 쥐고 퍼덕거렸다. 다른 손의 두 번째 손가락은 내려가는 엘리베이터를 잡아야 하나 말아야 하나 버튼 위에 살짝 얹어 있었다.

   그날 친구의 집에서 나의 두 눈을 탁구공처럼 휘둥그레 만든 것은 나의 키만한 텔레비전은 아니었다. 그렇다고 수납장에 대충 넣어둔 최신 오락기 탓은 더욱 아니었다. 바로 중국집 짜장면 배달이었다. '만약 우리집에서 짜장면을 시켜먹었던 적이 있었더라면 잠시 뒤에 울리는 초인종 소리에 심장이 뛰진 않았겠지'라고 생각하는 사이, 친구는 몸을 웅크린 채 거스름돈을 주고받는 엄마와 배달 아저씨의 팔을 터널삼아 짜장면과 단무지를 날랐다. 거실 한 가운데를 차지한 원목 탁자 위가 분주해졌다. 나는 수업이 시작하고서야 숙제를 깜빡 한 아이처럼 안절부절했지만 겉으로는 애써 태연한 척했다. 친구는 그릇을 감싼 비닐 포장의 마지막 끝 부분을 찾아 능숙하게 풀었다. 그러고는 나무젓가락 한 짝을 무심히 둘로 이별시켜 면발 사이에 찔러 넣고는 내 앞에 놓아주었다. 어머님은 주방에서 접시를 가져오셨고 아버님은 단무지와 탕수육을 나와 친구 사이에 놓아주셨다. 이 과정들을 한 편의 연극을 보듯 넋을 놓고 구경했다. 정말 넋이 빠졌는지 아쉽게도 기억 속 연극의 막은 여기까지였다. 다만 그날 먹은 짜장면이 무척 맛있었다는 감각만을 지닌 채 살아왔다.

일찍 결혼했다면 축구를 하러 간 내 아이가 친구를 데려왔을 나이가 되었다. 첫 월급을 받은 뒤로 엄마의 주방 자유를 위해 달마다 한 번씩 배달 음식을 주문시켰다. 이제 엄마가 좋아하는 쟁반짜장은 소파에 누운 채로 엄지손가락 몇 번이면 거실 탁자에 놓여있었다.

세상은 빠르게 변했다. 아이들은 축구공을 차는 대신 축구 게임을 즐기고, 친구 집보다 게임방을 찾았다. 배달 아저씨는 현금을 받지 않았다. 그릇도 찾으러 오지 않았다. 손가락 몇 번에 배달된 플라스틱 용기의 짜장면은 분명히 맛있었다. 그런데 다 먹은 짜장면 빈 그릇을 포개어 현관 앞에 내놓던 그때가 왜 그렇게 그리울까.

방구석 미용실

피천득 작가의 글 중에 '용돈으로 머리를 깎는다는 것은 억울한 일이다. 그런데 나는 큰 호텔 이발소에서 이발을 한다. '그런데'가 아니라 '그래서' 사치스런 이발을 하는 것이다.'라고 이야기한다.

그래서 사치스러운 이발을 하는 작가와는 다르게 나는 여전히 돈을 내고 머리를 깎는다는 일이 좀 억울하다. 전문가의 손길과 편하게 머리를 감겨주는 시간의 몫이지만 머리가 마음에 안 드는 날엔 마음이 더 그랬다.

더구나 직접 돈을 벌어보니 머리 깎는 데 돈을 쓰는 일이 더 억울했다. '그래서' 엄마에게 내 이발을 맡기기로 했다.

몇 년 전 엄마는 문화강습센터에 다녔었다. 집에서 이십 분 떨어진 곳으로 두 달 동안 버스를 타고 다녔는데 그렇게 단 여덟 번 배운 커트 기술이 전부였다. 이발 장비도 강습 받는 곳에서 세트로 구매한 입문용 장비들이었다. 그럼에도 엄마의 가위질을 믿기로 마음을 굳힌 것은 매일 마네킹 머리카락을 매만지며 연습한 엄마를 옆에서 보았기 때문이다.

이 미용실의 최고의 장점은 예약이 필요 없다는 것이다. 소파에 앉아 텔레비전을 보다가도, 외출하고 돌아와 신발을 벗으면서도 "엄마~ 나 머리 깎아줘~" 한 마디면 언제든 엄마와 아들에서 미용사와 손님이 된다.

손바닥만한 거울을 한 손에 쥐고 속옷 바람으로 식탁 의자에 앉으면 차가운 보자기가 내 어깨를 두른다. 미용사는 어떤 스타일을 원하는지 묻지도 않은 채 바리캉 숫자가 잘 안 보이니 손님이 직접 바리캉에 맞는 이발기를 끼우라고 한다. 손님도 이런 상황에 불만 없이 보자기 아래로 손을 엉거주춤 꺼내 바리캉을 만진다. 이윽고 바리캉이 지나간 자리에 한 여름 매미가 실컷 울고 가면 머리카락 조각들이 미용사 발등 위로 떨어진다. 미용사의 손이 떨리지만 가위질 하는 순간만큼은 길쭉한 젓가락으로 검은콩을 집듯 신중하다. 가위질마다 한 겨울 소복한 눈을 밟는 사각사각 소리가 난다. 몇 번의 여름과 겨울이 지나간다. 그 시간 속에서 두 사람 사이에는 웃음이 끊이지 않는다.

보자기를 풀고 씻으러 들어가는 사이 엄마는 방구석 미용실을 정리하고 문을 닫는다. 그러고는 샤워를 마친 내 옆에 서서 초조하게 머리를 말리는 내 모습을 구경한다. 점점 머리카락이 마를수록 조금씩 밝아지는 표정을 보다가 나의 아주 만족스럽다는 말 한 마디면 엄마는 신이 난다. 이 미용실의 단골이 될 수밖에 없는 이유다. 직업 작성란을 가정주부로 적어온 엄마에게. 주말에도 밥하고 빨래하는 엄마에게. 집이

커지면 커진 만큼 할 일이 늘어나는 엄마에게. 한 달에 하루, 일 년에 열두 번 유쾌한 미용사라고 부를 수 있어 참 좋다.

'엄마, 근데 파마는 안 배울 거야?'

신발과 일주일

월요일

　출근길에는 언제나 그렇듯 검정색 운동화를 신는다. 발 크기와 잘 맞는 검정색 운동화는 정말 하얀 점 하나 없이 검다. 밑창도 검고 운동화 끈도 검고 로고마저 온통 까맣다. 운동화에 봉제된 실까지 검은색이다. 흰 운동화를 먹물에 푹 담갔다 뺀 것 같은 운동화다. 출근 복장은 운동화와 색깔을 맞춘다. 검정 양말을 신고 바지도 검정이다. 티셔츠까지 까맣게 입는다. 이 상태로 제주도에 놀러가 현무암 사이에 누워 있으면 미용 연습 마네킹처럼 얼굴만 보여 사람들이 도망갈 게 분명하다.

　운동화가 발을 편하게 만들어 몸을 가볍게 만들어 준다면, 운동화의 검은색은 마음을 편하게 해주는 역할을 한다. 회사 생활에 튀지 않게 어울리기 좋은 색상이고 궂은일을 하다가 구정물이 튀어도 알 수가 없어 더러워진 신발을 보며 속상할 일이 없다. 그동안 열심히 움직였는지 지난달부터 운동화의 뒤꿈치가 맞닿은 부분이 조금씩 벗겨지더니 결국에는 속살을 보였다. 안감은 노란색 천으로 만든 신발. 겉은 까맣고

속은 노란 운동화라니 묵묵히 일하면서 늘 행복을 간직하는 나랑 닮았다. 얼마 뒤 다른 부서로 이동한다면 이 운동화는 이름 그대로 운동할 때만 신는 운동화로 쓰이다가 버려질 것이다. 이제껏 내 발을 담당해온 다른 신발들처럼 큰 의미 없이 버려야 한다.

수요일

어느 때와 다를 바 없이 검은색 운동화를 신고 출근을 한다. 나의 일터에서는 바쁜 날이면 하루에도 몇 번씩 신발을 갈아 신는다. 위험한 물체로부터 보호하기 위한 안전화도 신다가 물청소를 위해 장화도 신고 사무실에서는 편하게 슬리퍼를 신고 지낸다.

일하는 동안 옷은 한 벌이지만 신발이 달라지는 걸 보니 발은 인간이 땅을 밟고 일어난 시작점이란 생각이 든다. 기록에도 없는 머나먼 태초의 원시 시대에도 인간은 생명의 시작인 생식기부터 가렸을까 활동의 시작인 발부터 감쌌을까 궁금해졌다. 추운 시베리아의 맨발이 먼저 신을 신었을지, 뜨거운 사막의 모래를 건너는 맨발이 먼저 신었는지도 궁금해졌다.

목요일

쉬는 날이다. 당직으로 회사에서 밤새 잠을 설치고 퇴근하자마자 아침밥을 먹는다. 그리고 다시 점심까지 부족한 잠을 잔다. 낮에 잠에서 깨더라도 밖에 나가지 않고 하루 종일 맨발로 지낼 생각이다. 집에서는 실내화를 신지 않는다. 방을 더 자주 닦는 편이고 발이 더러워지면 비눗물로 닦는 걸 더 좋아한다.

내 방은 현관 바로 옆에 있다. 현관에는 내 신발만 다섯 켤레가 늘 놓여있다. 새까만 운동화, 동네 편의점에 가기 편한 슬리퍼, 하얀색과 베이지색의 외출용 예쁜 신발 두 켤레 그리고 오 년 전 누나가 사준 흰 운동화까지. 그리고 신발장을 열어보면 수많은 운동화가 이러지도 저러지도 못한 채 잠들어 있다. 제주도 간다고 샀던 트레킹 신발, 열 번도 못 신은 여름 샌들, 지금은 헤어진 연인과 짝으로 맞춘 운동화, 살 땐 예뻤는데 몇 번 신고 끝나버린 저렴한 구두, 강원도 홍천을 누빈 군화, 졸업식 때 산 구두……. 뭐가 이렇게 많은지 모른다.

이 중에는 몇 년 동안 신지 않은 신발도 있다. 사람의 마음이란 게 사기 전의 마음과 내 것이 된 후의 마음이 이렇게나 다르다. 이런 줏대 없는 마음을 신발에게 들켜선 안 된다. 이번 주말에는 오래된 신발들에게 이별을 고해야겠다.

토요일

결혼식 사회를 맡았다. 결혼식에는 늘 같은 정장을 입는다. 면접을 볼 때 골랐던 세련된 정장이다. 가끔씩 입어서인가 입을 때마다 뻣뻣하고 어색하다. 하얀 셔츠에 넥타이까지 차려입으면 거울 속에는 다른 사람이 서 있다. 한참을 거울 앞에 서서 이리저리 둘러보고 머리카락까지 단정히 정리하면 신기하게 새로운 자신감이 생긴다. 마지막으로 어젯밤 닦아둔 구두를 신어야 하지만 운동화를 신는다. 그리고 구두는 들고 나간다. 이 모습을 보고 아빠는 구두를 신고 운전하는 습관도 들이라고 말하지만 반짝이게 닦은 구두가 운전 중에 더러워지는 일은 속상하다. 무엇보다 구두는 아직 불편한 구석이 있다.

구두를 사장님처럼 뒷자리에 모시고 출발한다. 결혼식은 부지런히 일찍 간다. 마음이 벅찬 신랑과 한 마디라도 더 나눌 수 있고 아쉽게 인사만 건네고 와야 하는 경우에도 미안한 마음을 전하기 더 좋다. 그리고 운동화에서 구두로 갈아 신는 시간도 필요하다. 결혼식장에 도착하면 이제 뒷자리에 구두 사장님은 말단 사원이 된다. 구두 사원은 매일 출근할 때 신는 까만 운동화처럼 온통 까만데 빛이 나 하얗게 반짝인다.

반짝이는 구두는 내 몸을 펴는 힘을 가졌다. 발가락부터 목까지 반듯이 맞춰지고 어깨가 당당하게 펴진다. 고개를 숙이거나 몸이 구부정해 질 틈을 주지 않는다. 운동화는 언제든 날아오는 공을 피할 만큼 몸을 부드럽게 만든다면, 구두는 공에 맞서 떳떳하게 받아 줄 몸이 준비가 된다. 운동화는 소리 없이 다가오지만 구두는 멀리서부터 그 존재를 알린다. 구두 덕에 무사히 친구의 결혼식 사회를 마칠 수 있었다.

일요일

　오늘은 집 밖으로 나가지 않기로 마음먹었다. 맨발로 하루를 보내며 신발들에게 휴식을 준다. 저마다 '오늘은 쉽니다' 팻말을 내건 신발 중에 일주일의 피로가 많이 쌓인 신발 몇 개를 집어 든다. 쾌쾌해진 깔창들을 꺼내고 운동화 끈을 다 풀어 헤친다. 그리고 동굴 같은 신발 속 깊은 곳까지 햇볕을 쬐어준다. 며칠간의 눅눅한 시간들이 뜨거운 햇빛을 타고 도망간다. 말리는 것만으로는 부족한 신발들은 목욕탕에 다녀오라고 몇 푼 쥐어 주고 보낸다. 때를 불려서 벗기고 부드러운 솔로 비누칠도 하면 제법 매장에서 처음 만난 순간으로 돌아간다. 다시 월요일을 맞이할 준비가 된다.

46 나의 계절이 오면

박춘걸

'봉고', 낭만에 대하여
다섯 번의 4학년
전라도 깽깽이
너무 다른 그녀
마법 같은 아내의 손
엄마의 밥상
고향이 어디세요?!
아들에게 보내는 편지
연필이 지나고 글이 남는다
연필이 지나고 글이 남는다 with ChatGPT
나는 거울이다!
벚꽃의 유혹
늙는다는 착각

'봉고', 낭만에 대하여

　어둠이 다 걷히지 않은 새벽. 부우웅~~~. 반짝반짝 은색 몸체에 삼색 날개를 달고 나의 꿈, 낭만, 사랑이 달려온다.

　바다와 산을 끼고 있는 부산의 매력을 한 번에 조망할 수 있는 산 황령산. 그 황령산 아래 콩나물시루처럼 빼곡하게 집들이 모여 있고 마치 미로처럼 골목들이 이어져 있다. 소위 '달동네'라고 불리는 인구 밀집 지역 중 하나인 부산 전포동. 그 아래에 나의 학창시절이 있다.

　오늘은 고등학교 배정이 있는 날이다. 긴장감을 안고 선생님의 호명을 기다린다. 드디어 일 초의 시간도 허투루 쓸 수 없는 치열한 입시전쟁을 시작해야 한다. 그래서 최대한 가까운 고등학교로 배정을 받는 것이 유리하다. 아이들은 모두 자신이 원하는 고등학교가 어디인지 의견을 나누고 있다. 다행히 우리 집은 전포동의 중심이라고 할 수 있는 시장통에 있다 보니, D1고, D2고, Y고까지 주변 고등학교 세 곳이 모두 걸어서 20분 거리이기 때문에 안심이다.

"자! 조용~~~! 지금부터 배정된 고등학교를 호명한다"

아이들의 얼굴에 복권 당첨을 기다리는 것처럼 긴장감이 서려 있다. 가장 가까운 D1고, 그 다음 D2고, 그 다음 Y고까지 가까운 학교들에 배정받은 아이들의 환호성이 들린다. 그런데 50여 명의 아이들의 이름이 불려졌는데도 나의 이름은 들리지 않는다. 이제 남은 학교는 단 두 곳.

"자~ 남은 아이들은 버스를 타고 통학해야겠네. G고 부를게. 김○○, 정○○, 이○○… 등등 이렇게 6명. 나머지 아직 안 불린 사람 손들어 봐!"

나는 손을 들고 주위를 둘러보았다. 단 네 명만 남았다.

"너희들은 운이 없구나! 제일 먼 K고다!"

아! 정말…. 아무리 뺑뺑이로 배정을 한다지만 정말 지지리도 운이 없다. 그 흔한 5천원 복권 당첨조차도 손에 꼽을 정도로 적었던 내 운이 아마 그때부터 시작되었나 보다.

내가 배정받은 K고는 집에서 6㎞ 정도 떨어진 산 위에 있다. 학교까지 가려면 15분을 걸어서 버스를 타야 했고, 그 후에도 4~50분은 더 가야 도착할 수 있다. 지금도 부산에서 가장 유동 인구가 많고 교통이 혼잡한 지역이다. 등교 시간인 7시 30분까지 도착하려면 아무리 늦어도 6시 30분에는 집을 나서야 한다. 아침부터 등산으로 힘 빼지 않으려면 학교가 종점인 단 하나의 버스 110번을 타야 한다. 그나마도 출퇴근 시간이라 버스는 제시간에 오지 않았고, 버스에 올라탈 틈조차도 없이 많은 사람이 있을 때는 그냥 가버리기도 했다. 그 때문에 숨을 헐떡이며 뛰어가도 지각하기 일쑤였다.

2년의 시간이 흘렀고 나는 고3이 되었다. 먼 거리를 통학하는 아들이 안쓰러우셨는지 어머니는 '봉고'를 타게 해주셨다. 요즘으로 말하면 스쿨버스처럼, 봉고는 정해진 시간과 위치에서 같은 학교 학생들을 태우고 학교에 간다. 야간 자율학습이 끝나는 10시가 되면 봉고는 다시 아이들을 태우고 돌아오는 것이다. 당시 봉고는 K 자동차가 내놓은 우리나라 최초의 12인승 승합차로, 승용차보다 2배가 넘는 인원을 태울 수 있다는 점에서 혁신의 아이콘이라 불렸다.

당연히 나는 봉고를 타는 것이 너무 좋았다. 1시간이 넘게 걸리던 통학시간이 30분 이내로 준 것이다. 항상 피로에 절은 고3 수험생에게 비록 좁은 차 안이지만, 눈을 감으면 살포시 찾아드는 쪽잠이 그렇게 달콤할 수가 없었다. 짧은 순간이지만 그 속에서 나는 훌륭한 직장, 멋진 차, 넓은 아파트에서 살고 있을 현재를 꿈꾸고 있었을지도 모른다. 그뿐인가. 아침이면 성우들의 맛깔 나는 연기가 돋보였던 '격동 30년' 라디오 드라마를 들을 수 있었고, 저녁에는 이문세 아저씨의 '별이 빛나는 밤에'가 지친 심신을 어루만져 주었다. 아마 지금도 책과 드라마를 좋아하는 습관은 그때 만들어진 것이 아닐까?

무엇보다도 봉고가 싣고 온 가장 큰 선물은 첫사랑이다. 남중, 남고를 나온 사람은 다 알겠지만, 사춘기가 한창인 18세 소년에게 아침마다 초등학교 때 짝사랑했던 아이를 매일 볼 수 있다는 것은 엄청난 행운이었다. 일곱 집이 모여 있는 건물에 반지하방 2칸을 차지하고 있던 우리 집과는 달리, 양옥집 2층에 살던 손과 얼굴이 하얗던 그 아이는 나에게 공주님처럼 보였다. 봉고는 아이들을 태우기 위해 동네 몇 개 지점을 도는데, 그 중 한 곳에서 그 아이를 발견한 것이다. 내가 타는 위치가 아닌데도 일부러 그 아이가 타는 곳까지 달려가, 우연한 만남을 연기하고 눈인사를 나누는 것만으로도 내 마음은 콩닥거렸다. "안녕! 오랜만이야… 잘 지내?" 순수함이 가득했던 그때 그 기억이 지금도 키보드에 닿은 손가락을 통해 전해지는 듯하다.

올해부터 회사에 유연 근무가 도입되었다. 시간을 마음대로 지정해서 일할 수 있다는 점에서, 항상 새로운 기술을 공부하고 아이디어를 내어 연구해야 하는 우리에게는 잘 맞는 제도인 것 같다. 나는 출퇴근 시간을 피해 8시에 출근하고 오후 5시에 퇴근한다. 매주 화요일에 좀 늦게까지 일을 하고 2주에 한 번 금요일에는 쉴 수도 있다. 일찍 집을 나서니 그동안 보지 못했던 것들이 보인다. 교복을 입은 고등학생들이 아침 일찍 통학버스를 기다리고 있다. 여전히 변하지 않은 입시 스트레스에 아이들의 얼굴에 피곤함이 서려 있다. "우리 수인이도 올해 고3인데…" 그 시절 나를 싣고 달렸던 봉고처럼 저 아이들과 우리 딸에게도 꿈과 낭만, 사랑이 함께 하기를 바라본다.

다섯 번의 4학년

산을 좋아한다. 산을 오르는 중에는 머리가 텅 빈 것처럼 아무 생각도 나지 않아서 좋다. 오직 차오르는 숨을 고르며 한 발 한 발 이 순간만을 생각하며 정상을 향해 발을 옮기는 것 그 자체가 좋다. 그리고 모든 고통을 이겨내고 정상에서 올라 그 멋진 풍경을 가슴에 담는 순간, 모든 고통은 씻은 듯이 사라진다. 그 맛에 산을 오른다.

나는 흔히 얘기하는 'IMF 세대'다. 1997년 11월. 대한민국은 한마디로 망했다. 은행도 기업들도 줄줄이 망했다. 직장인들은 거리로 내몰려졌고 어딜 가나 노숙자를 볼 수 있었다. 이런 상황에서 취업하기란 '하늘의 별 따기'였고 그나마 채용된 사람들도 합격 취소 통보를 받은 사람들이 부지기수였다. 98년 막 4학년이 된 우리에게 선택지는 없었다. 친구들 대부분이 어려운 시기를 모면해 보고자 대학원을 진학해 2년간의 유예기간을 가지는 것이 최선이었다. 한두 해 선배들만 해도 학과 사무실에 기업 채용 추천서가 쌓여 있었고, 대학 내내 놀고먹어도 최소 대여섯 개 회사 중에 골라서 갈 수 있었던 것과 비추어 볼 때, 한마디로 우리는 '폭망 세대'였다.

　나는 그래도 다를 줄 알았다. 그때만 해도 대학 1, 2학년 때 실컷 놀고, 군대 갔다 와서 열심히 해서 빵꾸 난 학점을 복구하는 것이 일반적이었다. 하지만 나는 4학년이 되어서야 입대를 했다. 그 시절 내 마음을 뜨겁게 달군 것이 학생회 활동인지, 아니면 학생회 활동으로 만난 다른 과 학생회장이었던 여자친구였는지 모르겠지만…. 아무튼, 입대 시기를 놓친 채 4학년이 되고 말았다. 그제야 비실비실(BC BC), 시들시들(CD CD) 맥을 못 추던 학점들이 떠올랐고, 덜컥 암울한 미래가 걱정되었다. 벼랑 끝에 선 기분으로 선택할 수 있는 것은 입대밖에 없었다. 적어도 3년의 시간을 벌 수 있다고 생각했고, 여자친구의 극심한 만류에도 입대를 결정했다. 우린 헤어졌다. 아니 차였다.

　그것은 '다섯 번의 4학년'과 긴 고통이 시작되는 순간이었다. 입대했어도 나는 4학년이었다. 암울한 미래에 대한 걱정은 사라지지 않았고 24시간 365일, 아니 3년 내내 머릿속을 괴롭혔다. 첫해에는 힘든 육체 활동이 많아 그 순간 잠시 잊히는 것 같았다. 하지만, 군대에서는 유난히도 혼자 있는 시간이 많았다. 그저 가만히 서서 어두운 공간을 응시해야 하는 시간인 불침번이나 야간 보초를 설 때는 온갖 잡념이 맴돌았다. '뭘 하고 싶지?', '뭘 잘하지?', '무엇을 준비해야 하나?' …. 맴도는 생각들로 머리가 무거웠고 근무 후에도 잠을 설칠 때가 많았다. 아직도 그때

써 놓은 일기들이 남아 있어 가끔 꺼내보곤 한다.

고통은 약이 되었다. 다행히 나의 임무는 출입이 엄격히 통제되는 통신 벙커 안에서 혼자 일하는 것이었다. 1년이 지나고 선임이 되자 좀 여유가 생겼고 사무실 안에서 틈틈이 책을 볼 수도 있었다. 열심히 노력한 결과, 제대할 무렵에는 비전공자이면서도 '정보통신기사 1급' 자격증을 따기도 했다. 제대하자마자 서점 아르바이트를 시작했고 본격적으로 취업을 준비했다. 영어점수, 자격증 등 요즘 애들이 스펙이라고 부르는 것을 완벽히 갖추었다고 생각했다.

그런데 나를 비웃듯 인생은 내 계획대로 흘러가지 않았다. 'IMF 위기'가 터진 것이다. 아무 데나 일단 취업을 하자는 생각에 40개가 넘는 회사에 원서를 넣었지만, 면접조차도 한번 볼 수가 없었다. 친구들처럼 대학원에 가려 해도 아무 꿈도 없이 점수에 맞춰 들어온 학과의 공부를 더 하고 싶지는 않았다. 그제야 고등학교를 졸업하고 처음 컴퓨터를 배우면서 느꼈던 희열이 생각났다. 부모님께는 죄송한 일이지만, 나는 이제라도 제대로 배우고 싶다는 생각이 들었다.

당시 우리 학교에 처음 생긴 학사편입이라는 것이 생겨서 지원했다. 면접 당일, 교수님은 "컴퓨터 공학과는 1년 내내 불이 꺼지지 않는 곳이에요. 과제도 많고 어려워서 졸업하는 데 2년이 아니라 3년, 아니 4년이 걸릴 수도 있어요"라고 말했다. 실제로, 기초가 부족한 나로서는 이론은 어떻게 해서든 따라갈 수 있었으나, 시작하자마자 몰아쳐 대는 과제를 버텨내기가 어려웠다. 채 한 달이 지나기도 전에 포기하고 싶은 마음을 고시반에서 알게 된 컴공과 친구에게 털어놨다. "봉호야! 못하겠다. 못 따라가겠어" 친구는 이런 내가 안쓰러웠는지 "포기하지 마라! 내가 좀 도와줄게!" 하며 나와 같이 수업을 듣는 후배 둘을 소개해 줬다. 이론은 내가 정리를 해주고 프로그래밍은 후배들이 같이 도와준 덕분에 나는 곧 안정을 찾았다.

다섯 번째 맞는 4학년은 훨씬 자신감이 넘쳤다. 결과적으로 하고 싶은 것을 찾았고 취업 전선에서도 내가 갈 곳을 선택할 수 있는 행복한 고민을 하게 되었다. 줄곧 4학년이었던 그 5년의 시간이 내 인생에서는 큰 전환점이 된 것이다. 고통은 길었지만, 내 삶에 대해 진지하게 고민하고 직시할 수 있었고, 안개처럼 희미했던 지금의 내가 가지고 있는 현재를 열어준 계기가 되었던 것 같다. 아픔이 있었고 이겨내기 위해 땀을 흘렸고 그것이 밑거름되어 결실을 이루었다. 지금의 아내를 만난 것도 이때였다. 아무리 바빠도 연애할 시간이 있었다는 것이 신기할 따름이지만, 참 열심히 살았다. 그 덕분에 오늘날 나의 위치가 있는 것이고 또 다른 도전을 할 힘을 길러준 것이다. 이것이 내가 고통을 만나면 그것을 이겨낸 후에 올 달콤함을 더 기다리는 이유가 아닐까 생각해 본다.

전라도 깽깽이

봄꽃이 '빼꼼'하고 얼굴을 내민 3월. 하지만 동장군의 긴 꼬리가 몸을 움츠리게 한다. 아내는 주말인데도 일을 나가고 나는 홀로 집을 지킨다. 비까지 보슬보슬 내려주니, 이럴 때는 역시 시리즈 드라마가 최고다. 이번 해 가장 핫한 시리즈는 역시 [더 글로리(The Glory)]다. 유명 여배우가 연기 변신을 한 것도 화제이지만, 무엇보다도 공감이 간 것은 '왕따'를 당하던 주인공의 모습이다. "뭐가 됐든, 누가 됐든 날 좀 도와줬다면 어땠을까?" 주인공이 복수를 마치고 떠나며 남긴 편지가 읽혀질 때는 내 눈시울이 붉어졌다.

나도 학교폭력의 피해자다!

아니, 아이들에게는 잘못이 없을지도 모른다. 오히려 어른들이 만들어 놓은 '지역감정'의 피해자다. 내가 초등학교에 다니던 80년대는 전라도와 경상도가 극심한 지역감정에 시달릴 때이다. 어른들이 왜 지역을 나누어 서로를 헐뜯고 싸우는지, 그 속에 어떤 배경이 숨어 있는지 아이들은 알지 못했을 것이다. 그저 어른들의 말과 행동을 그대로 따라

했던 것이 나를 피해자로 만들었던 것이다.

당시 나는 전라도에서 경상도로 전학을 갔다. 그런데 시골 깡촌에서 도회지로 나왔다는 기쁨도 잠시. 첫날 교실에 발을 들여놓는 순간부터 아이들은 내 가방을 빼앗아 뒤지며 놀리기 시작했다. "야! 깽깽해봐! X새끼냐?" 전라도에서 왔다는 이유만으로 나에게는 '전라도 깽깽이'라는 별명이 자연스럽게 붙었다. 심지어 선생님들의 시선까지도 나를 비웃는 것 같았다. 친구 하나 없고 마음 둘 곳 없이 낯선 학교가 나는 가기 싫었다. 나는 '아프다', '학교 가기 싫다' 등 온갖 핑계를 대며 학교에 가지 않았다. 심지어 학교에 가는 척 엄마를 속이고 나는 삐뚤어져만 갔다.

참 끈질기게도 '전라도 깽깽이'라는 별명과 괴롭힘은 한참 사춘기를 지나던 중학교까지도 계속되었다. '전라도 넘어가서 주유소 가면 기름도 안 넣어 준다느니…' '해태 과자는 먹으면 설사하도록 설사약을 넣었다느니…' 별의별 말도 안 되는 이야기들을 아이들은 서슴없이 뱉어냈다. 그 당시 지역감정이 더 심했던 것은 정치적인 이유가 컸다. 얼마 전 개봉했던 영화 '킹메이커'의 실제 주인공들인 호남의 DJ와 영남의 YS가 대통령 선거 때마다 경쟁하던 시기였다. 그저 대선 후보가 각 지역을 대표한다는 이유로 어른들은 싸웠고, 심지어 유세 차량에 불을 지르고 돌을 던지는 사건이 실제로 내 눈앞에서 일어나기도 했다.

지역감정이 가장 심했던 때는 내가 중학교 1학년이었던 87년이다. 민주화의 열풍과 함께 대통령 직선제가 통과된 해이다. 군사정권의 두 후보와 전라도와 경상도를 대표하는 민주화 후보인 DJ와 YS가 출마했다. 국민들의 바람과는 달리 DJ와 YS는 단일화에 실패하였고, 서로를 향한 분노는 극에 달했다. 대통령 선거는 중학생들에게도 초미의 관심사였다. 요즘처럼 전자개표가 아니어서 개표는 다음 날 오전까지도 계속되었다.

네모난 교실 안 칠판 옆에는 TV가 있다. 교장 선생님이 출연하시는 조례나 민방위 훈련이 아니면 학생들이 TV를 켜놓는 일은 없다. 어른들의 높은 관심은 아이들에게도 그대로 전해졌다. 개표가 막바지에 이르자 선생님들은 교무실에서, 아이들은 교실에서 숨죽이고 TV 개표상황을 바라보았다. 1등은 이미 결정이 되었으나, 이미 대통령이 누가 되느냐는 관심 밖으로 밀려났다. 초미의 관심사는 전라도 대표선수 DJ가 이기느냐 아니면 경상도 대표선수 YS가 이기느냐였다. DJ와 YS는 근소한 표 차이로 엎치락뒤치락을 계속했고 긴장감은 극에 달했다.

갑자기 2위를 달리던 YS가 DJ에 의해 3위로 밀려나자 아이들은 책상을 치며 분노했다. 그 순간, 같은 초등학교를 졸업했던 한 아이가 나를 돌아보더니 큰소리로 외쳤다. "야! 저 XX 전라도 깽깽이다"라고 소리치는 순간, 아이들의 시선은 나를 향했고, 무언가 분풀이 거리가 생겼다는 듯이 나에게 몰려들었다. 나를 둘러싼 아이들은 험상궂은 얼굴로 욕지거리해댔다. 그 자리에서 연기처럼 사라지고만 싶었다. 무엇보다도 '내가 뭘 잘못한 거지?' 하는 억울함과 분노 때문에 견딜 수가 없었다. 가슴 속 응어리가 폭발해 한없이 서러운 눈물이 되었다.

선생님도 친구들도 도움을 주지 못했다. 그저 조용히, 있는 듯 없는 듯 튀지 않고 '전라도 깽깽이'라는 사실을 숨기고 학교생활을 이어 나갔다. 아이들의 뇌리에서 내가 잊히는 것만이 방법이었다. 성격은 소극적으로 되었고 이런 나의 생존방식은 고등학교 때까지 이어졌다. 다행히 나를 아는 이가 별로 없고, 성인이 되어 그런 일 따위는 관심이 없는 대학생이 되어서야 그 상처를 극복할 수 있었다.

"뭐가 됐든, 누가 됐든 나를 좀 도와줬다면 어땠을까?"

학교폭력이 아직도 사회문제로 지속되는 것은 비단 아이들의 문제가 아닐 것이다. '더 글로리' 드라마의 주인공의 말처럼, 선생님이나 부모님 누구 하나라도 관심을 갖고 구원의 손길을 내민다면, 학교폭력의 사각에 내몰려진 아이들의 상처가 그렇게까지 아프지는 않았을 것이다.

너무 다른 그녀

 오후 5시. 해가 뉘엿뉘엿 서쪽 산봉우리를 향해 다가선다. 뜨겁게 타올랐던 하루가 아쉬운 듯 태양은 울긋불긋 하늘을 물들인다. 여느 때 같으면 이 시간은 회사에 있어야 하지만, 오늘은 딸아이를 멀리 기숙학교로 보내고 울적한 마음을 달래보고자 산책을 나선 참이다. 빽빽한 아파트 숲을 살짝 비켜난 곳에, 나만이 아는 저녁노을 명소를 찾는다. 아직 개발되지 않아 길게 이어지는 진잠천을 따라 펼쳐진 논과 밭, 또 저 멀리 높이 솟은 계룡산을 한눈에 볼 수 있어서 좋다. 내가 앉은 벤치 옆 노랗게 물든 은행나무 둥치에서부터, 저 멀리 노을빛 아래 계룡산을 물들이고 있는 단풍나무까지, 한 폭의 수채화를 바라보고 있는 듯하다.

 어제 딸아이와 함께 점심을 먹고 이곳을 찾았었다. 사춘기를 지나서인지 요즘은 말도 행동도 아빠를 생각하는 마음이 제법 어른스러워 보인다. 요맘때 사춘기 소녀들이 그런 듯, 전에는 아빠가 함께 산책하러 나가자고 하면 딱 잘라 싫다고 했었다. 그런데 이제는 재잘재잘

학교생활이며 친구들 이야기까지 스스럼없이 하는 것이, 조금 달라졌음을 느낀다. 오늘은 학교 친구들이 "너희 엄마 아빠 되게 신기해"라고 말했다며 이야기를 꺼낸다. "엄마는 되게 멋있고 아빠는 되게 착해 보여! 많이 달라 보이는데 잘 어울려"라고 말했단다. 그 말을 하는 딸아이는 엄마의 눈을 하고 아빠의 미소를 머금으며 웃고 있다. "엄마 아빠는 어떻게 만났어?"라며 묻는 딸아이 말에 내 생각은 아련한 대학 시절을 떠올린다.

아내와 나는 캠퍼스 커플이다. 대학가에 꿈과 낭만이 넘치는 시기를 지나고, IMF 경제위기 후폭풍이 거셌던 99년에 만났다. 취업이 어려운 시기를 피하고자 친구들 대부분이 대학원에 진학했지만, 학과 공부가 마음에 들지 않았던 나는 고시 공부를 하던 선배의 권유를 못 이기는 척 받아들였다. 친구들과의 연락도 끊고 여자친구와도 헤어지고 언제가 될지 모르는 미래에 투자하기로 했다.

아내를 만난 것은 고시반에 들어간 지 1년이 지났을 때쯤이다. 고시반 생활은 새벽 6시부터 밤 10시까지 밥 먹는 것과 공부하는 것 외에는 아무것도 없는 단조로운 생활이다. 그 단조로운 생활이 깨진 것은 아내가 고시반 신입으로 들어온 이후부터다. 내 옆 빈자리에 누가 들어오나 궁금했었는데, 긴 파마머리에 화장은 짙고 덩치가 있으며, 더구나 누가 토목과 아니랄까 봐 술은 엄청나게 잘 마시고, 성격까지 괄괄한 여학생이 들어온 것이다. 딱 내가 싫어하는 타입이다. 화장품 냄새 때문에 숨쉬기가 어렵고, 여학생이 옆에 앉아 있으니 행동이 거북스럽고 불편하기 그지없었다. 나는 불편함을 없애기 위해 도서관에서 공부하는 시간이 많아지고, 가끔 책을 가지러만 자리에 가곤 했다.

그날도 저녁 공부를 마치고 잠시 고시반에 들렀다. 조용히 짐을 챙겨 나오는데 그녀가 나를 불러 세운다.
"오빠! 할 얘기가 있는데, 같이 술 한잔 할까?"
'오빠?? 낯설다!' 막내로 자란 나에게 오빠란 단어는 그만큼 낯설기도 하지만 설레는 단어이기도 하다. 힘들고 외로운 고시반 생활에 지친 탓일까? 그날따라 홀린 듯 같이 따라나섰다. 우리는 밤새 술을 마시며 많은 이야기를 나눴다. 그녀는 보이시해 보이던 겉보기와는 달리 애교가 넘쳤고, 진지하고 재미없는 나와는 달리 쉴 새 없이 나를 즐겁게 했다. 사실 나와 비슷한 성격이어서 서로 너무 진지하고 할 말이 없었던 이전 여자친구와는 완전히 달랐다. 나는 그녀가 궁금해졌다. 무엇보다도 공부에 지친 나에게 '오빠! 오빠!' 하며 다가서는 그녀를 물리치는 것은 불가능했다. 우리는 커플이 되었고, 고시반 사람들의 눈을 피해 도서관에서 함께 공부하며 저녁이면 대패 삼겹살에 한잔 술로 공부에 지친 서로를 위로했다.

요즘 아내는 예전과 같지 않다. 더 이상 '오빠'라고 부르지도 않고 애교를 부리지도 않는다. 심술이 난 나는 가끔 이렇게 물어본다.

"여보! 변했어. 옛날에는 오빠라고 부르며 애교를 부리더니…"

그러면 아내는 농담으로 "가족끼리 그러는 거 아냐!"라고 응수한다. 웃음이 난다. 나는 여전히 아내가 고맙고 사랑스럽다. 처음에는 그녀가 나를 많이 좋아했다고 해도 이제는 내가 아내를 더 좋아하는 것 같다.

아내는 신기하게도 그때부터 지금까지 나를 절대적으로 신뢰해 준다. 내가 졸업하고 백수를 선언하며, 2차 시험 준비를 하겠다고 신림동에 있으면서 서울-부산 먼 거리를 떨어져 있던 시기에도, 결국 시험에 떨어지고 눈물짓던 그때도, 결혼 후 20년이 지난 지금도 항상 나를 믿어주는 아내가 나는 참 고맙다. 우리는 참 다르고 이제는 바빠서 서로를 바라보는 시간이 줄어들었다 해도, 그녀와 나 사이에는 지난 시간 동안 쌓여온 오랜 신뢰와 지지가 있다. 그런 면에서 우리는 또 많이 닮아 있는 것 같다.

"난 엄마 아빠가 자랑스러워!"

학교에 도착한 딸아이가 엄지 척 사진과 함께 보낸 문자에, '오빠'하고 나를 불러 손 흔들어 주던 나와는 너무도 다른 그녀가 겹쳐 보이며 행복감을 느낀다. 부부라는 것은 둘이 하나가 되어야 하는 것이 아니라, 서로 다른 둘이 끊어지지 않는 신뢰라는 다리로 연결되는 것이 아닐까? 라고 생각해 본다.

마법 같은 아내의 손

12월이 되자 동장군이 한걸음에 달려왔다. 포근한 이불 안과 차가운 이불 밖 세상 사이에서 내 마음은 전쟁을 벌이고 있다. 오늘 약속을 위해 맞춰 놓은 알람시계가 계속 울려댄다. 일단 얼른 팔만 뻗어 시계를 잠재우고 무의식적으로 다시 이불 속으로 들어와 몸을 한껏 웅크린다. '아! 나가기 싫다' '딱 5분만…' 그 순간 이 한심한 모습을 지켜보던 이성이 먼저 눈을 떠 나를 괴롭힌다. '얼른 가야지!', '오늘 중요한 날이잖아?' 용기 내어 이불을 훌러덩 뒤집어 던지고 욕실로 뛰어든다. 샤워기에 머리를 들이밀자 정신이 번쩍 든다. '역시! 유혹에는 빈틈을 주지 않는 것이 최고야!' 오늘도 이불과의 전쟁에서 승리한 나 자신에 뿌듯해한다. 나는 아내를 재촉해서 차를 몰고 밭으로 향한다.

아파트들이 마치 숲처럼 빼곡히 몰려있는 신도시에 살지만, 다행스럽게도 우리 동네 뒤편에는 자그마한 산이 있다. 지난주 아내와 나는 산책을 하다가 평소에 눈여겨보지 않았던 작은 마을을 발견했다. 좁고 꼬불꼬불한 진입로와 민낯을 드러내고 있는 개천, 낡은 집들이 개발의

폭풍을 견뎌내고 있었다.

　오래된 돌들이 켜켜이 쌓여 있는 담장 옆을 지날 때이다. 탐스럽게 벌어진 배추들이 일렬로 서 우리를 보고 시끄럽게 인사를 한다. 텃밭의 주인인 듯한 부부는 버릇없는 배추들이 행여나 동장군에게 혼이라도 날까 봐 종이끈으로 입을 묶어 단속하고 있다. 호기심이 일은 우리는 주인에게 말을 붙여본다. "배추가 참 잘 되었네요. 혹시 저희에게 파실 것도 있으실까요?" 그렇지 않아도 올해 김장은 아내와 내가 스스로 해보기로 선언한 터라 배추를 어디서 구하나 고민하던 참이었다. 다행히 주인은 배추 농사가 잘되어 자녀들 김장하고 남은 것이라며 흔쾌히 우리 제안을 받아들였다. 오늘 그 배추를 차 트렁크에 한가득 싣고 집으로 온 것이다.

　새파랗고 싱싱한 배추들이 아파트 거실을 어지럽게 채우자 아내는 이미 야전 사령관의 표정을 하고 있다. 내 임무는 여기까지이다. 지금부터는 아내의 지시에 따라 마법이 시작된다. 아직 밭의 흔적을 지우지 못한 배추들의 용모를 단정히 하는 것에서부터 시작한다. 마치 이발을 하듯 뿌리를 자르고 억센 겉잎을 떼어낸다. 다음은 소금물 목욕을 시킨다. 욕조에 소금물을 채운 후, 줄기 사이사이에 소금을 잔뜩 머금은 배추를 차곡차곡 쌓아서 재운다. 대여섯 시간 지나면 곤히 잠들어 있는 녀석들을 깨워 아래위 위치를 바꿔주기만 하면 된다.

다음 날 아침. 잔뜩 호기롭던 배추는 소금의 참맛을 알았는지 잔뜩 웅크려 숨을 죽이고 있다. 이미 기가 꺾인 녀석들은 물에 씻기고 무대에 어울릴 크기로 단장하는 동안 순순히 몸을 맡긴다. 소쿠리에 올라앉아 아내의 명령을 기다린다. 다소곳해진 배추들을 뒤로하고 아내의 시선은 이제 대기하고 있던 양념들에게 향한다. 먼저 붉은 태양 아래 곱게 그을린 고춧가루가 물을 뒤집어쓰고 바다의 짠 내를 가득 안은 새우젓, 멸치젓국을 품는다. 곱게 다져진 마늘과 생강이 등장하여 한바탕 뒤섞여 춤을 춘다. 갓, 미나리, 쪽파, 마지막으로 바다의 왕자 굴이 등장하여 춤사위를 벌이고 나면 어느새 배추 소가 준비된다. 자 이제 무대의 마지막을 장식할 차례이다. 마지막은 온 가족이 팔을 걷어붙이고 함께 한다. 부끄럼 타는 절인 배추를 달래 무대에 올리고 곱게 빚어낸 배추 소를 꽉꽉 채워 넣으면 드디어 김치가 탄생한다. 행여나 소박맞아 빠져나오지 못하게 겉잎으로 다시 한 번 꽁꽁 감싼다. 차곡차곡 김치통에 김치가 쌓이면 드디어 오늘의 김장은 끝이 난다.

군침이 돈다. 하얀 속살에 알록달록 붉게 물들인 김치를 보면 몸이 반응한다. 내가 이런데 아이들은 어떠하랴. 반짝이는 눈망울로 쳐다보는 아이들의 시선을 느껴 안쪽 깊숙한 곳에서 속살을 떼어낸다. 입을 벌리고 서 있는 아이들의 모습이 마치 어미 새가 아기 새들에게 먹이를 나누어 주는 모습 같다.

"우와! 엄마 너무 맛있어! 엄마 짱!"

그 다음은 압력솥에 푹 삶은 수육에 김치를 돌돌 말아 입으로 쏘옥. 이틀 동안 좁은 아파트에서 배추 절이고 양념하기까지 처음 해본 김장으로 쌓인 피로가 한순간에 날아가는 순간이다. 무엇보다도 우리 스스로 해냈다는 만족감이 가장 컸다. 말할 필요 없이 오늘 김치 전쟁을 승리로 이끈 것은 아내이다. 신출내기 배추들을 달래 예쁜 김장김치로 변신시키기까지 그 어마어마한 일을 해낸 마법 같은 아내의 손이 정말 대단해 보인다.

"여보! 대단해! 처음인데 어떻게 이렇게 잘하는 거야?"
"뭐! 내가 좀 하지! 나 만난 것 행복한 줄 알아!"

경상도 출신인 아내의 짧은 응수에 웃음이 난다. 평소 나보다 훨씬 바쁜 직장생활을 하며 얼굴 보기도 힘든 아내에게 불만이 많았었다. 나는 슬쩍 미안한 마음이 든다. 부부라는 것은 서로를 이해하고 부족한 부분을 채워주는 관계인데, 20년을 넘게 살고서도 나는 아직 이 수준이라니. 그동안의 불평불만이 일순간에 사라지고 '나는 참 운이 좋다'라는 생각이 든다.

엄마의 밥상

"엄마!" 수화기를 내려놓은 아들의 뜨거운 어깨가 들썩인다. 어느새 눈가와 이마에 주름을 얹은 아들은 전화기 너머에서 안부를 묻는 엄마에 대한 그리움에 진한 배고픔을 느낀다.

오늘은 아들의 생일이다. 하지만 이 집에서 그것을 기억하는 이는 없다. 직장 일로 바쁜 아내도, 그런 아내를 대신해 아이들을 키우고 집안 살림을 도맡아 하고 있는 아내의 어머니도. 아들은 굳이 자신의 생일임을 밝히지 않는다. 오늘 아침 메뉴는 짜디짠 된장국과 식은 밥을 데운 누룽지, 그리고 통에 담긴 채 냉장고에서 꺼낸 밑반찬들. 여느 때의 아침처럼 익숙한 풍경이지만, 오늘 아침 아들은 먹고 남은 된장국을 수채통에 버리며 괜스레 보이지 않는 투정을 부린다.

'생일이 뭐라고!' 그저 똑같은 하루일뿐이라고 아들은 무거운 눈을 감고 머리를 흔들어 본다. 그러나 얼굴에 피어나는 그늘은 감출 수가 없다. 온종일, "오늘 무슨 일 있어?"라고 묻는 동료들의 시선을 피해

다니며 우울함을 감추려 노력한다. '따르릉~~' 오후 업무가 시작될 무렵. 아들은 엄마에게 전화를 받는다.

"아들~ 아침에 미역국은 먹었어? 오늘 생일이지?"

갑작스러운 엄마의 전화에 아들의 마음은 무너져 내린다. 아무리 멀리 있어도 온 가족의 생일을 잊지 않는 분이 아들의 엄마다. 나이 마흔, 늦은 나이에 큰방에서 아들을 낳고, 바로 그날 작은 방에서 남편을 잃었다. 눈물로 아이들을 키우며 살아온 세월이다. 그 시간이 온전히 엄마의 목소리를 타고 아들에게 전해진다. 아들의 먹먹한 가슴을 타고 뜨거운 것이 용솟음쳐 눈을 가린다.

"아들 왜 그래?"

"아니야. 갑자기 엄마가 해주는 밥이 먹고 싶어서…" 아들은 급하게 전화를 끊는다.

고실고실 윤기가 흐르는 고봉밥, 구수한 들깨 내음이 풍기는 시레기국, 소박하지만 종지에 조금씩 담아 올린 나물들. 전라도 산골에서 나고 자란 엄마의 밥상은 화려하지는 않지만 정갈함이 가득했다. 그리고 엄마에게 밥상을 차리는 일은 하나의 의식이었다. 독실한 천주교 신자였던 엄마는 일어나자마자 한 번, 그리고 밥을 푸기 전 한 번, 마지막으로 밥상을 다 차리고 나서 한 번. 이렇게 세 번의 기도를 올린다. 오늘도 자식들이 이 밥을 먹고 건강하게 하루를 보내기를 바라시는 엄마의 간절한 기도를 담는다. 그 간절한 기도가 하루하루 아들에게 전달되어 오늘의 아들이 있는 것이 아닐까? 낯선 타지에서 가난과 주변의 편견에서 힘들어했던 그 시절에도 어머니의 음식이 아들에게는 큰 힘이 되었다.

아들은 퇴근 후 우울한 마음을 달래며 집으로 들어선다. 현관문을 열자 구수한 들깨 내음이 온 집안에 가득하다.

"어라? 이게 웬일이지?"

평소보다 일찍 집에 돌아온 아내가 앞치마를 두른 채 밝은 미소로 남편을 맞는다. 이미 식탁에는 잡채, 도라지, 시금치, 콩나물 등 아내의 솜씨가 한껏 발휘되어 있다.

"여보! 미안해~. 생일 축하해~~"

좀 늦었지만, 그리고 엄마의 그것은 아니지만. 그래도 아들은 시간이 갈수록 엄마를 닮아가는 아내의 밥상이 너무나 감사하다. 아마 맨날 짜다고 투정해대는 남편의 입맛을 아내가 맞춰가고 있는 것일 것이다.

"어머니께도 전화 드렸어! 이렇게 훌륭한 아들 낳아 주셔서 감사하다고!"

세상에 이렇게 멋진 아내가 있을까? 엄마에게서 아내에게로 이어진 밥상에 아이들과 함께 둘러 앉아 있는 이 순간, 아들은 세상에서 가장 큰 선물을 받은 듯 행복감을 느낀다.

고향이 어디세요?!

추석을 보낸 지 한 주가 지났다. 지난 한 주 동안 내가 가장 많이 들었던 질문을 꼽는다면, 아마도 '명절은 잘 보내셨나요? 부산 잘 갔다 오셨어요?'일 것이다. 묻는 사람은 의례적으로 건네는 인사라서 그냥 지나칠 수도 있겠지만, 무언가 나도 모르게 그 질문에 예민해진다. 그분들은 평소 나의 말투나 행동, 성격 등으로 미루어 볼 때, 나의 고향이 당연히 '부산일 거야!'라고 생각한 모양이다.

"광주로 다녀왔어요!"
"아니 왜요? 고향이 부산 아니신가요?"

되돌아온 말에, 나는 긴 설명을 해야 한다는 생각이 들어 살짝 짜증이 나지만, 마치 랩을 읊는 것처럼 나의 레퍼토리를 시작한다.

"아니요! 제 고향은 전국구예요. 태어난 곳은 전북 순창이고, 자란 곳은 부산, 군대는 강원도에서 나왔고, 서울에서 한 1년 살다가 지금은 대전에서 살고 있어요. 그러니 전국구죠"

내가 말하면서도 구구절절한 나의 대답에 슬쩍 헛웃음이 난다. 이처럼 '고향이 어디세요?'라는 질문에 나는 '전국구예요'라고 대답하곤 한다. 하지만 그렇게 말하고 돌아서면, '진짜 내 고향이 어딜까?' '고향의 의미가 무엇일까?' 하는 생각이 들곤 한다.

한국민족문화대백과사전에 의하면, '고향(故鄕)'의 의미는 '태어나서 자라고 살아온 곳 또는 마음속 깊이 간직한 그립고 정든 장소와 시간'으로 정의하고 있다. 그러면 고향은 단순히 태어난 곳만을 의미하지 않고, '자라고 살아왔고 마음이 가는 곳'이라고 정리할 수 있을 것 같다. 결론적으로, '내 고향은 대전이에요'라고 해도, 혹은 학창시절을 보낸 부산이라고 해도, 나고 자란 전북 순창이라고 해도 틀린 말은 아닐 것이다. 시간이 흐르고 나이가 들면서, 이제는 그 모든 곳에 추억이 있고, 친구들이 있고, 또는 사랑하는 사람들이 있으니, 모두가 나의 마음의 고향처럼 느껴진다. 그래서 사람들이 고향을 물으면, 한마디로 '전국구'라고 얘기하는지도 모르겠다.

우리나라 사람들은 학연, 지연, 혈연, 나이까지도 '자신도 모르게 이미 만들어져 있는 관계'에 대한 기대가 강한 것 같다. 새로운 사람을 만나면 '고향이 어디냐?', '나이가 몇 살이냐?', '어느 학교 나왔냐?' 뭐

이런 질문 한 번쯤 받아 보지 않은 사람은 없을 것이다. 꼭 나쁘다고 볼 수도 없는 이유는, 만약 한 가지라도 둘 사이에 공통점이 있다면, 훨씬 대화하기가 쉬워지는 마법 같은 경험을 나도 해본 적이 있기 때문이다. 그러고 보니 '옷깃만 스쳐도 인연이다'라는 속담이 있을 정도로, 우리 민족은 문화적으로나 정서적으로 '관계'를 소중하게 여기는 것 같다. 다르게 말하자면, 정(淸)이 넘치는 민족이라는 것이다.

그래서일까? 난 참 행복한 사람이란 생각이 든다. 어딜 가든, 누구를 만나든 모두가 내 고향 사람들인 것처럼 느껴지고 친근감이 든다. 어린 시절, 낯선 경상도 땅으로 옮겨간 후 겪었던, 힘든 적응 경험들이 이제는 나에게 약이 되었나 보다. 사람들을 만나는 것을 즐기고, 사람들과 어울려 책도 읽고, 글도 쓰고, 운동도 하고, 주말이면 동네 사람들과 산책과 등산도 한다. 정도 넘치고 친화력도 넘치는 사람이 된 것이다. 내가 있는 곳이 고향이고, 내가 만나는 사람들이 고향 사람들이 되었다. 그래서 고향은 '내가 태어난 곳'이라기보다 '내 마음 가는 곳'이라고 정의하는 것이 옳다는 생각이 든다. 태어난 곳이라고 하면 '절대 바꿀 수 없는 것'이 되지만, 내 마음이 가는 곳이라고 하면 '내가 바꿀 수 있는 것'이 되어서, 오늘을 사는 내가 살아가고 만나는 사람들이 곧 고향이 그리고 고향 사람들이 되는 것이 아닐까?

아들에게 보내는 편지

나의 사랑하는 아들에게.

부산은 잘 갔다 왔니? 여자친구와 여행을 다녀온다는 얘기를 엄마에게 들었어. 1년 남짓이었지만, 그래도 부산이 네 고향이라는 것은 알지? 엄마 아빠에게도 참 많은 추억이 있는 곳인데, 너도 네 여자친구와 행복한 기억들을 많이 남기고 왔으면 좋겠네. 마음 같아서는 좋은 곳들을 문자로라도 알려주고 싶었지만, 이제 막 시작하는 너의 세상을 향한 날갯짓을 방해하고 싶지 않았어. 서투르더라도 너만의 비행법을 스스로 익혀 세상을 향해 나아가야겠지.

그러고 보니 서투르기는 나도 마찬가지였던 것 같아. 네가 기억하는지 모르겠지만, 나에게 너는 늘 어려운 숙제 같은 존재였어. 너의 탯줄을 내 손으로 자르던 그 순간부터, 난 거부할 수 없이 너의 아버지가 되었고, 너는 나의 아들이 되었어. 하지만 아버지라는 존재를 경험하지 못한 나에게는, 너와 함께 한 매 순간순간이 처음 하는 경험이고, 마치 살얼음판을 걷는 듯 불안해했단다. 부끄럽지만 '내가 제대로 하고 있는 걸까?'

하는 의심이 항상 들었어. 그렇다고 누군가에게 물어볼 수도 없는 일이고, 너의 반응을 살피며 조마조마했단다. 나는 너에게 더 다가가고 싶었는데, 그게 참 마음대로 안 되더라. 누굴 닮았는지 고집이 쇠심줄 같고, 항상 너의 관심은 다른 곳에 있는 것 같았어. 돌아보면, 나는 너에게 아빠의 세상을 보여주고 싶었는데, 너는 언제나 너의 세상만을 바라보는 것 같았어. 요즘은 그것이 아버지와 아들의 숙명이 아닐까 하는 생각이 들기도 해.

미안하다는 말도 하고 싶어. 아마 너도 기억하고 있을 테지만, 말을 하지 않는 것이겠지. 나의 세상으로 너를 끌어들이고자 했던 내 생각이 너무 강했던 것 같아. 그때는 그게 아버지의 역할이라고 믿었어. 느지막하게 막내를 낳고, 바로 그날 남편을 잃은 나의 어머니는, 옛말로 '아비 없는 자식'처럼 보이게 하지 않으려고 나에게 참 엄하셨단다. 잘못을 저지르는 날이면, 회초리로 맞기도 참 많이 맞았었지. 하긴 아빠가 자라던 시절만 해도 맞으면서 크는 것이 당연하게 여겨졌는데.

다섯 살 때인가? 고집이 무던히도 세던 너는 잘못을 해도 "잘못했어요! 다시는 안 그럴게요" 이 말 한 마디를 안 하더라. 그날도 잘못했다는 말만 했으면 바로 용서를 했을 텐데. 처음에는 겁주려고 회초리를 들었는데, 나중에는 너무 화가 나서 내 안에 있는 폭력성이 너를 힘들게 했던 것 같아. 동네 사람들이 소리를 듣고 관리사무소에 전화하지 않았다면…. 생각만 해도 끔찍하다. 너에게도 그랬겠지만, 아빠에게도 그날의 충격은 큰 상처가 되었어. 그래서 그날 이후로 '선무당이 사람 잡는다'라고 어설픈 아버지 역할은 그만두기로 했지. 엄한 아빠 말고 좋은 아빠가 되기로 결심했었단다. 많은 시간이 흘렀지만, 그날의 일은 진심으로 사과하고 싶다.

'원빈'이라는 너의 이름. 아빠가 지었단다. 이 세상에 빛나는 사람으로 자라주길 바라는 마음으로 사실은 그 당시 엄마가 제일 좋아하는 배우가 '원빈'이었는데 내가 한자를 따서 의미만 부여한 거야. 그래서인가? 엄마 아빠가 바라는 대로 너는 너무나 예쁘게 태어났고, 지금도 멋지고 잘생긴 청년으로 자랐어. 넌 충분히 너의 이름만큼 아들로서 부모에게 큰 기쁨을 준 거야. 그 이상을 바라고 실망하는 것은 부모의 욕심이라는 생각이 든다.

아들아! 어른이 되어 살아가는 세상이 그렇게 녹녹하지는 않지? 요즘 용돈 문제로 엄마와 자주 마찰이 있는 것 같던데. 알바하랴, 공부하랴, 연애하랴 정신이 하나도 없을 것 같기도 해. 그래도 지금은 좀 고통스럽겠지만, 그 과정이 바로 너의 세상을 더 견고하게 하고 어른이 되어가는 것이란다. 두려워하지 말고 부딪혀봐! 더 이상 누군가에게 기대려는 생각은 말고, 네가 스스로 만들어 가는 세상에서 주연으로 살아가기를 바란다. 그렇다고 너무 무서워하지는 마! 항상 너의 뒤에서 엄마 아빠가 언제든 쉴 수 있는 따듯한 보금자리가 되어 줄게.
많이 사랑한다! 우리 아들, 원빈아!

- 늦가을 보름달처럼 감성이 충만한 아빠가

연필이 지나고
글이 남는다

쓱싹쓱싹!
연필이 마치 스케이트를 타듯 종이 위를 움직인다.

뒤를 돌아보니, 어느새 종이 위에는 글들이 와글와글 떠들어 대고 있었다.

"와! 이렇게 많은 글이 어디서 나왔을까?"

분명 종이 위에는 아무것도 없었는데…. 연필이 한 번 휘리릭 지나가면 글들이 쏟아져 나온다.

"글을 쓰는 것이 이렇게 쉬운 걸까?"

나는 그저 연필이 지나가는 흰 여백 위를 바라보며, 좋은 생각, 즐거운 생각, 슬픈 생각, 아름다운 생각을 하기만 하면 되겠다는 생각이 들었다.

그러자 푸른 초원이 그려지고 높은 산이 나타나며, 꽃과 열매가 피어나기 시작했다.

아! 그리고 거기에 내 모습도 보인다.

산을 오르고, 들판을 뛰고, 시냇가에 앉아 책을 보기도 하고, 뜨겁게 타오르는 태양 아래에서 땀을 흘리며 축구를 하기도 하고, 시원한 냇물로 뛰어들기도 한다.

행복이 내 마음을 파고든다. 아무 걱정도 없고 아무 두려움도 없고 생각조차도 사라진다.
그저 연필이 지나가는 자리를 말없이 바라보고 있다.

나는 글을 쓰는 것이 행복한 사람인가 보다.
연필의 흐름을 따라 내 머릿속도 가벼워진다.

"나는 연필이다!"

쓱싹쓱싹 무거운 머릿속을 비워내며, 자유롭게 글을 써 내려간다.

연필이 지나고
글이 남는다 with ChatGPT

쓱싹쓱싹! 연필이 종이 위에서 춤을 추듯 움직인다.

그 모습을 지켜보는 순간,
마치 노래가 들려오듯 내 마음도 콧노래를 부르기 시작한다.
연필이 미끄러지는 그 순간마다 새로운 이야기가 시작된다.
그리고 그 이야기는 종이 위에서 살아 숨쉬기 시작한다.

연필로 그려내는 세상은 언제나 내 마음속에 살아 숨 쉬는 풍경이다. 시냇물이 흐르고, 푸른 초원 위에서 풀이 흔들리며 바람이 부는 소리가 들리며, 하늘에는 태양이 떠오르고, 새들이 지저귀며 날아다니는 모습이 떠오른다.

그리고 내가 쓰는 글마다 느껴지는 글의 질감은 마치 연필이 노래를 부르며 춤을 추듯 자유롭다.

그 질감은 마치 따뜻한 햇살을 받는 것 같은 기분을 선사한다.

연필로 글을 쓰는 것은 마치 내 안의 어떤 것이 깨어나는 것 같다.
떠오르는 이야기들을 연필로 그려내면 마치 내가 살아 숨 쉬는 그 순간에 있다는 것을 느끼게 된다.

이렇게 연필로 글을 쓰면 시간이 너무 빨리 흐른다.
하지만 그 속에서 나는 언제나 새로운 이야기를 찾아내며 자유롭게 살아난다.
그래서 나는 연필이 된다.

쓱싹쓱싹,
그리고 마음이 노래하는 순간, 내 안의 세상을 그려내기 시작한다.

나는 거울이다!

우리 집에는 전신거울이 하나 있다. 마치 사다리처럼 두 발을 굳건히 딛고 두 팔을 곧게 뻗은 원목 프레임에, 발바닥부터 머리끝까지 180㎝ 나의 키를 넉넉히 담을 수 있을 정도로, 커다란 유리를 품고 있는 거울이다. 온 집안 가구를 원목으로 도배해 놓는 아내의 취향이다. 이사할 때마다 너무 무거운 가구들 때문에 업체 직원들이 곤욕을 치르기도 하는데, 아내는 그것마저도 자랑으로 여기는 듯하다. 받침대가 따로 없어 바닥에 러그를 깔고 벽에 기대어 놓았는데, 햇빛이 밝게 비치는 날이면 빛을 한 아름 빨아들여, 온 방 안 구석구석으로 그 빛을 전달하여 환하게 만들어 준다.

살면서 거울을 얼마나 볼까? 아마도 하루에 한 번? 그 정도인 것 같다. 그나마도 아침 출근 전에 면도하고 머리를 말리고 옷매무새를 고치기 위해 들여다보는 정도이다. 그런데 볼 때마다 느끼는 것이지만 거울은 참 정직하다. 전혀 꾸미지 않는다. 어제 마신 술로 푸석푸석한 얼굴을 그대로 보여주기도 하고, 중요한 미팅이 있는 날 긴장된 모습,

꿀 같은 휴일 아침 입가에 저절로 피어나는 미소도 여과 없이 보여준다. 나이가 들어가면서 하나씩 늘어가는 주름들과 흰머리도 속이지 않는다. 요즘은 휴대폰 카메라에 효과를 줘서 젊어 보이는 앱들이 인기가 있는데, 아마 조만간 나를 속이고 내 모습을 더 예쁘게 비춰주는 거울들도 나올지도 모르겠다. 하지만, 우리 집에 있는 거울은 빛은 빛으로, 어둠은 어둠으로 정직하게 받아들인다.

사람들은 살아가면서 어쩔 수 없이 관계라는 것을 맺으며 살아간다. 부모와 자식, 형제와 자매 등 혈연으로 맺어진 사이를 제외하고는, 성장하면서 수많은 선택과 시행착오 끝에 사람들과의 관계가 만들어지는 것이다. 친구, 연인, 동료, 스승과 제자, 선후배 등 수많은 사회적 관계 속에서, 우정, 사랑, 복종, 존경, 배신 등의 감정을 느끼면서, 하나씩 관계를 맺는 방법을 배워 나가는 것이다. 때론 다른 사람들과 좋은 인간관계를 맺는 노하우를 배우고자 하는 열망에, 매년 베스트셀러 상위에 올라온 자기계발서들을 뒤적이기도 한다. 나 또한 다르지 않다. 하지만 사람과 사람의 관계는 말처럼 쉬운 것이 아니다. 정답 또한 없다. 그런 이유로 사람들은 저마다 경험을 통해서 자신만의 인간관계 이론을 만들어 간다. 뭐 그것이 성격이라고 말해도 좋을 것이다.

나는 거울이다. 내가 인간관계를 하는 방법은 거울과 같다는 말이다. 하루 24시간, 365일, 그렇게 50년이라는 긴 시간을 지나는 동안, 수많은 사람들과의 관계 속에서 빛과 어둠을 담아 반짝반짝 광을 내왔다. 그래서인지 한결같이 정직한 모습으로 서 있는 우리 집 전신거울처럼, 나의 거울도 지금은 제법 세상을 담을 수 있을 정도로 모양을 갖추었다. 거울이 모두에게 항상 똑같이 정직한 것처럼, 나의 인간관계도 거울처럼 정직하다. 밝은 빛을 내는 사람에게는 똑같이 밝은 모습으로 대하고, 그늘이 있는 사람에게는 그늘을 그대로 품어주기도 하고, 또 눈물짓는 사람에게는 위로를 전할 줄도 안다. 그렇다고 한없이 좋고 만만하기만 한 것은 아니다. 나를 향해 이유 없이 화를 내는 사람에게는 똑같이 화를 내기도 하고, 못나게 구는 사람에게는 똑같이 못나게 구는 못된 심보도 있다.

그러나 나는 안다. 180cm, 85kg. 원목처럼 단단한 몸속에 깊이 숨겨져 있지만, 나의 거울은 강해 보이기만 할 뿐, 사실은 부스러지기 쉬운 유리 같은 모습을 하고 있다. 사람들을 한없이 좋아하지만, 사람들로부터 상처받지 않으려고, 깨지기 쉬운 유리를 꽁꽁 감추려고, 나는 그렇게 내 안에 커다란 전신거울을 만들었음을 나는 안다.

오후 나절, 함께 산책을 나선 딸아이가 학교에서의 고민을 털어놓는다. "아빠! 요즘 친구 때문에 너무 힘들어! 아주 친했던 친군데, 한번 크게 싸우고 나서 사이가 멀어졌어. 내가 먼저 사과했는데도 받아주질 않아." 기숙학교에 다니는 딸아이는 하루 24시간을 친구들과 함께 지낸다. 그래서 친구와의 관계에 문제가 생기면 큰 상처로 남는가 보다. "어떻게 해야 할지 모르겠어!" 하며 눈물을 짓는 딸아이가 안쓰럽다. 사람들과의 관계 속에서 다치지 않았으면 바람에, 내 마음속 깊은 곳에 숨겨둔 거울을 꺼내 아이에게 보여주기로 한다.

벚꽃의 유혹

벚꽃 잎이 화려하게 피어난다. 예년보다 빨리 찾아온 벚꽃에 이토록 가슴이 설렌다. 다음 주 화요일 비 소식이 있다는 일기예보에 마음이 바빠진다. 비가 오고 나면 벚꽃이 모두 져버릴 테니 아무리 바빠도 절정으로 치닫는 벚꽃의 아름다움을 눈에 담고 싶다. 일 외에는 관심이 없는 듯 무표정한 팀원들을 설득해 주문한 도시락을 들고 갑천변으로 나선다. 대전의 북쪽, 전 국민의 절반쯤은 방문했다는 찬란했던 엑스포의 영광을 안고 있는 아파트 그 엑스포 아파트 옆에는 갑천이 흐르고, 천변 길을 따라 그 오랜 영광을 기억하듯 벚꽃이 아름답게 피어난다.

이런! 벌써 주변 회사에서 근무하는 직장인들이 빼곡히 자리를 차지하고 있다. 삼삼오오 모여 김밥이나 도시락을 펼쳐놓고 있다. 할 수 없이 햇볕이 내리쬐는 자리에 앉아 엉거주춤한 모습으로 도시락을 먹는다. 아침나절 보고서 작성으로 잔뜩 시달려 오후가 오기 전에 지쳐 있었는데 밥 한술 떠 넣고 나니 이제야 눈이 떠지고 주변 풍경이 보인다. 우와~ 마치 구름처럼 소복이 쌓인 벚꽃들이 눈이 부시게 아름답다.

달리 표현할 말을 찾을 수 없을 정도로 아름다움을 뽐내는 벚꽃 길 아래, 구청에서 조성해 놓은 듯한 빨강, 노랑, 보라… 형형색색 튤립들의 모습이 마치 재잘재잘 노래하는 유치원 아이들처럼 사랑스럽게 느껴진다.

그 옛날. 그녀와 함께 걷던 양산 벚꽃 길이 생각난다. 그때 나에게는 직장도 돈도 없고 그저 아내밖에 없었다. 둘 다 대학을 졸업하고 결혼은 했으나, 미련을 버리지 못한 꿈을 좇아 공부하던 시기였다. 부모님의 도움을 받아 반지하 작은 아파트에 살았고, 매일 아침 나는 임신한 아내를 자전거에 태우고 학교 도서관에 갔다. 우리 모습이 안쓰러워 보였는지 하루는 친구가 차를 가지고 도서관에 찾아왔다. 벚꽃 구경을 시켜주겠다며 양산 벚꽃 길을 찾은 것이다. 친구가 굳이 사진을 찍어주겠다고 했다. 화려하게 핀 벚꽃 아래에서, 아직 학생티를 벗지 못하고 가진 것이라고는 아무것도 없는, 무책임한 꼬마 신랑과 살짝 부른 배를 부여잡고 회색 임신복을 입은 초라한 아내의 모습이 아직도 선명하게 기억이 난다.

그 후 공부를 위해 1년 가까이 아내와 떨어져 있어야 했다. 양산 벚꽃 길 아래에서 찍은 그 사진을 책 표지에 붙여 두고 공부를 했었다. 누군가에게는 아름답게 보이겠지만, 그 사진을 볼 때마다 내 마음은 너무나도 아팠었다. 오직 나만을 믿고 함께 그 긴 고통의 터널을 함께 해준 아내가 너무나 대견하고 고맙게 느껴진다. 지금도 아주 가끔 아내에게 묻곤 한다. "그때 많이 힘들었지?" "아니, 나는 아무 두려움도 없고 힘든 것도 없었는데. 그때가 너무 행복했어" 지금은 많은 것이 채워지고 부족한 것이 없는 삶을 살고 있지만, 그때만큼의 행복이 느껴지지는 않는다. 시간이 많은 것을 퇴색시켰지만, 매년 이 시기에 아름답게 피어나는 벚꽃을 바라볼 때마다, 그때의 아련한 추억의 장면과 함께 아내에 대한 고마움과 감사함, 사랑스러움이 화려하게 피어난다. 난 아마 영원히 이 벚꽃의 유혹을 벗어날 수 없을 것 같은 생각이 든다.

늙는다는 착각

89살, 우리 엄마는 참 건강하다. 일 못 하는 남편 만나 농사에 아이들 키우는 일까지 도맡아 했던 우리 엄마. 그나마도 복 없이 남편 일찍 잃고, 혈혈단신 아이들을 이끌고 낯선 도회지로 나와, 온갖 길거리 행상에 손발이 부르트고 갖은 고생으로 참 힘들게도 살아냈다. 비좁은 반지하 방에, 피곤한 몸을 뉠 곳도 없이, 좁은 마루 끝에서 쪽잠을 자곤 했다고, 지난날을 웃으며 회상하시기도 한다. 지금은 이렇게 넓은 집에, 자식들 모두 건강하고 훌륭하게 각기 가정을 이루고 사는 것을 가장 큰 복으로 여기신단다.

2주 전, 엄마가 보고 싶어 갑자기 광주로 내려갔다. 현관문을 들어서자 가지런히 놓인 신발들이 보인다. 자애롭게 내려다보고 계시는 성모 마리아의 미소 아래, 성경책이 가지런히 놓여 있다. 소파, TV, 액자, 화분에 이르기까지 집안 곳곳의 물건들은 하나도 흐트러짐이 없고, 먼지 하나 쌓인 곳이 없다. 90이 다 된 할머니가 혼자 살림을 하는 집이라고는 믿기지 않을 정도로 깨끗하다.

방금까지 컴퓨터로 고스톱을 치고 계셨다고 웃으면서 얘기한다. 요즘은 타자 실력도 더 늘었다고 시범을 보여준다. 다음 날 아침, 엄마와 함께 공원 산책을 나섰다. 연세가 연세인지라 무릎이 아파 빨리 걷지는 못하지만, 하루도 빠짐없이 공원에 나가, 2~3시간씩 걷다가 앉았다가를 반복한다고 한다. 참 대단하시다! 공원에서는 이미 '동네 인싸 언니'로 통한단다. 그 나이에 건강하고, 아는 것 많고, 잘 웃고, 노래도 좋아하고, 지는 법이 없을 정도로 말주변도 뛰어나다고, 옆에 계시는 할머니가 너스레를 떤다.

궁금하다! 그렇게 젊은 시절 고생을 많이 했는데도 불구하고, 저렇게나 건강하게 사시는 엄마의 건강비결이 뭘까 하고 말이다.

『늙는다는 착각』이라는 책을 쓴 심리학자 엘런 랭어 교수에 의하면, 사람의 건강은 마음에 달려있다고 한다. 마음과 신체가 따로 있는 것이 아니라 같이 가는 것이며, 마음먹기에 따라 젊어질 수도 있다고 한다. 저자는 '시계 거꾸로 돌리기'라는 심리학 실험을 통해 '젊고 건강하게 사는 비결'을 제시한다. 75~80세의 노인들을 20년 전의 환경으로 꾸며놓은 한 수도원에 1주일간 지내게 하는 실험을 했고, 1주일이 지난 후에 놀라운 일이 벌어진다. 청력, 기억력, 체중, 악력, 유연성, 손가락 길이, 손놀림, 걸음걸이, 자세까지 모든 부분에서 실험 대상자들은 "더 젊어졌다"라는 결론을 얻었다고 한다.

요즘 아침마다 거울로 보이는 흰머리나 주름, 그리고 부쩍 나를 괴롭히는 노안이 '나도 어쩔 수 없이 늙는구나'라는 착각이 들게 한다. 작은 변화이지만 이런 징후들은 나로 하여금 두려움을 갖게 한다. 작가의 말에 의하면, 이러한 두려움이 기정사실이 되면 그 변화가 가속화되고 나에게서 젊음을 앗아간다는 것이다.

이제야 엄마가 그 나이에도 그렇게 건강한 이유를 알게 되었다. 변화에 굴하지 않고, 새로운 것을 적극적으로 배우고, 스스로 생기를 부여하는 삶을 끊임없이 이어온 것이다. 삶에 대한 강인한 의지가 엄마의 건강을 지켜주고 있는 것이다. 몇 년 전까지만 해도 공공근로를 하시는 엄마를 보면서, 자식들은 "그거 몇 푼 번다고 자꾸 그걸 해요? 위험하니까 그만 하세요!"라고 채근을 했다. 하지만, 그것이 엄마를 위한 일이 아니라 자식들을 위한 것이었음을 새삼 깨닫게 된다.

"아들! 건강이 최고야! 건강하면 무엇이든 할 수 있어!"라고 말하는 엄마를 뒤로하고 집으로 돌아왔다. 내가 조금 힘들고 피곤하다고 해서 현실에 안주하고 포기했던 지난날이 떠오른다. 그러면서 앞으로는 좀 더 나 자신에게 집중하고 마음을 챙기는 삶을 살아야겠다고 다짐해본다. 그러면 건강하고 행복하게 살 수 있을 것이라는 삶의 지혜를 89살 엄마를 통해 배운다.

배달희

엄마와 호미
그리운 친구를 생각하며
언제쯤 내려놓을 수 있을까?
내 이름은요
수제비 한 그릇
약속 위반은 범죄
지금 농촌은 바쁘다
단풍 든 사람도 꽃보다 아름답기를
우리 집 김장하는 날
선택의 갈림길에서

엄마와 호미

요즘 나는 엄마를 보면서 나이 듦을 본다. 유행가 가사처럼 익어가는 것은 아닌 것 같아 씁쓸하다. 이제 우리 엄마는 호미의 모습을 닮았다. 등짝으로 불쑥 올라온 굳어진 허리는 호미허리요, 가늘어진 다리는 오랜 세월 닳아진 호미자루 같다. 손가락과 손톱은 무디어진 호미 날처럼 닳아 짧고 뭉뚝하다.

엄마의 삶도 그랬다. 16세 어린 나이에 조그만 동네에서도 최하위 등급의 가난한 집으로 시집왔다. 일찍 돌아가신 시아버지를 대신해서 젊은 날 가장이 되신 아버지와 함께 대가족을 건사했다. 할머니, 본인이 낳은 팔남매의 자식들, 삼촌 셋, 고모 둘을 시집 장가보내고, 분가 시켰다. 그야말로 삶 자체가 여름날 잡초와의 전쟁터 최전방에서 고군분투하는 가냘픈 호미와 같았다.

모습도 그렇지만 엄마는 호미질을 매우 잘 하셨다. 지금도 옛날 같진 않지만 밭에 난 잡초는 호미를 든 엄마가 나타나면 벌벌 떨어야 한다.

다른 사람이 한 고랑의 잡초를 제거하는 동안 엄마는 반 골 이상 빠르게 치고 나간다. 그래서 늘 봄부터 여름이면 동네 품앗이나 품삯이 있는 일에는 1순위로 불려 가셨다. 그렇게 벌어온 돈으로 턱없이 부족한 팔 남매의 육성회비를 채웠고 삼촌, 고모가 분가할 때 살림 장만의 밑천이 되었다. 그래도 부족하면 이것저것 돈이 되는 것이 있으면 무엇이든 머리에 이고 장에 나가 팔아서 보태곤 했다.

늦은 가을이나 겨울에는 농사일이 끝난 호미도 쉬건만 대가족의 생계를 책임진 아버지 곁에서 살아가는 엄마 호미는 쉴 틈이 없었다. 내가 어릴 때는 매일매일 아프다고 하시며 어디서 그런 힘이 나오는지 정말 궁금했다. 손을 놀려 무말랭이 무침, 깻잎장아찌, 무장아찌 등 반찬을 만들어 머리에 이고 5km의 먼 길을 걷고, 만원 버스에 20여 km를 실려서 대전까지 와서 집집마다 방문 판매를 했다. 같이 간 일행이 가지고 간 반찬을 다 팔 때까지 기다리다가 늦은 밤이 되어 갔던 길을 다시 오신다. 그 당시 아무런 불빛이 없던 시골길은 해가 넘어가면 그야말로 칠흑 같다. 그래서 같이 반찬 방문사업을 하는 일행은 그날만은 단체 행동을 해야 한다. 그 가족의 일원인 우리도 모여서 횃불을 준비하고 마중을 간다. 가끔은 가다가 짚단에 불을 붙여서 추위를 녹이기도 했다. 혼자서는 도저히 무서워서 넘기 어려운 옛날이야기의 단골 손님, 귀신 붙은 서낭당과 공동묘지를 지나야 하기 때문에 무리를 만들어야만 가능한 일이었다.

그렇게 어렵사리 벌어온 동전 꾸러미는 새벽에 시래깃국 한 사발에 밥 한 수저 말아 먹고 하루 종일 돌아다닌 엄마의 허리를 무겁게 지구 바닥으로 끌어당겼을 것이다. 가난한 농촌과 가난한 도시의 삶이 만들어낸 반찬 사업 영역의 한 풍경은 고된 삶의 현장이었다. 그렇게도 당당하게 대가족의 생계와 학비를 책임지던 강한 쇳덩어리 같던 허리와 다리는 세월의 흐름과 함께 이제 보조보행기에 의지하지 않으면 10미터도 가기 어려워하시는 엄마의 허리와 다리가 되었다. 집안 구석에서 가늘고 보잘 것 없이 처박혀 녹슬어 가는 호미와 같은 모습이 연상되어 슬프다. 낡아진 호미는 솜씨 좋은 대장장이의 손을 빌려 달구어 다른 쇠를 덧붙이면 새로운 호미를 만들 수 있듯이 우리 엄마도 다시 젊은 날의 새 허리로 만들어 드리고 싶다. 그러면 우리 엄마는 또 잡초와의 전장에 나가서 누구보다 빠르게 적들을 무찌르며 무섭게 전진하는 장수가 될까? 그런 날이 불가능한 것을 알지만 그렇게 되었으면 좋겠다는 바람을 가져본다.

그리운 친구를 생각하며

하늘이 검게 변하고 갑자기 비가 세차게 쏟아지기 시작한다. 시원스레 내리는 빗줄기를 창밖으로 물끄러미 바라보고 있는데 문득 오래전 친구와의 추억이 떠오른다.

40여 년 전 그날도 초여름 장맛비가 시작되었던 것으로 기억하고 있다. 학창시절에는 그다지 친하지 않았던 그 친구와 나는 학과주임선생님의 도움으로 돌 공장에 인턴실습을 가서 사회생활을 하게 되었고 그 덕분에 조금씩 가깝게 되었다. 친구는 수줍음이 많던 나를 동생처럼 돌봐주었고, 미팅도 주선해 주었을 뿐만 아니라 여자친구를 만났을 때 어떻게 처신해야 되는지도 알려주었다.

졸업과 동시에 돌 공장 실습을 마치고, 지금 내가 다니고 있는 연구소 맞은 편 다른 연구소로 이직해서 다니던 그에게서 전화가 왔다. 현재 내가 다니는 연구소에서 설계 경험이 있는 사람을 모집하니 같이 가서 면접을 보자는 것이다. 5월 중순 어느 날인지 정확하게 기억은 없지만 면접을 보기로 약속하고, 시내버스를 이용해서 친구의 연구소 앞에 도착했다. 우산을 받쳐 들고 기다리던 그가 나를 데리고 연구소 정문에서 방문신청을 하고, 면접장소로 갔다. 연구동 건물 바닥이 너무 깨끗하여 내가 신발을 벗으려 할 때 그는 누가 볼 새라 나를 끌고 안으로 들어갔다. 정문에서 면접장소로 가던 그 길과 깨끗하게 반짝이던 연구동 건물 바닥, 그 낯설고도 주눅 들게 하던 풍경들이 아직도 생생하다.

친구 덕분에 면접을 보고, 필기시험도 치고, 결국 입사도 하게 되었다. 아무런 정보도 백도 없던 내게는 꿈도 꾸지 못할 엄청난 행운이었다. 친구가 있었기에 가능한 일이었고 그래서 그는 오늘의 나를 있게 한 은인과도 같은 친구였다.

그렇게 시작된 연구소 생활과 동시에 그와 나는 주경야독을 통해 새로운 인생의 도전을 시작했다. 내가 입사한 다음날부터 충남학원 야간 종합 반에 등록을 해 대입을 준비하였다. 입사라는 기쁨을 누릴 틈도 없이, 안주하지 않고 또 다른 도전을 바로 시작하게 된 건 순전히 친구 덕분이었다. 퇴근 후 시간을 쪼개가며, 제대로 먹지도 못하고 우리는 서로 격려해 주고 때론 견제도 해가면서 시험을 준비했다. 나는 그 다음 해 야간대학에 입학했지만 고등학교에서 학업성적이 좋지 않았던 그는 대입시험에 몇 번의 도전과 실패를 거듭했다. 그때 나는 그에게 아무런 도움을 주지 못했었다. 늘 받기만 하던 내가 도움을 줄 수 있는 기회였는데 어쩌다보니 그럴 여유가 없어 제대로 도와주지 못한 것이 늘 미안했었다. 그는 군대를 마치고 똑똑한 직장동료를 만나 마침내 오랜 역경을 딛고 소위 좋은 대학리스트에 있던 대학을 졸업해서 그 당시 많은 사람이 부러워하던 번듯한 공기업에 새로운 둥지를 틀었다.

우리는 그렇게 각자의 분야에서 노력하고, 가정을 이루며 남부럽지 않게 살았다. 게다가 그는 능력 있는 천사와 결혼해 아들 둘을 낳고 빠르게 승진하면서 다른 친구들의 부러움을 샀다. 어느 모임에서나 그는 친구들 가운데 성공사례의 표본이 되었었다.

그런 그에게 갑자기 불행이 닥쳐오기 시작한 것은 그가 사업소장으로 승진하고 현장책임자가 되어 진행하던 공사에서 불의의 가스폭발 사고가 발생하여 부하직원을 잃고, 그 책임감에 심적 고통으로 괴로워할 때부터였던 것 같다. 그렇게 시작된 내적 갈등은 그를 스스로의 감옥에 가두고 말았다. 친구들 중에서 그 누구보다 멘탈이 강했고 모든 일에 맏형의 모습으로 앞장서던 그가 어느 날부터 한 발자국도 집밖으로 나오지 못하기 시작했다.

조금만 기다려 주면 털고 일어나리라는 많은 사람의 기대와는 다르게 그의 부고 소식을 접하게 되었을 때는 정말 가슴이 찢어지게 슬펐었다. 그를 화장해 납골당에 두고 마지막 인사를 하고 돌아설 때는 장맛비 같은 눈물이 흘렀다. 가끔 오늘처럼 비가 억수 같이 오는 날에는 그를 생각하면서 그에게 받은 감사함도 전하지 못하고 보낸 아쉬움과 그리움에 눈물을 흘린다. 친구야! 보고 싶다. 그곳에서는 잘 지내고 있지?

언제쯤 내려놓을 수 있을까?

착잡한 심정으로 아침을 시작한다. 오늘은 아침 일찍 고향마을 이장님을 만나서 밭으로 들어가는 길을 시청에 신청하는 문제를 상의하기로 되어 있다. 또 경기도 화성지역에 위치한 기업체에서 수행하는 연구과제에 대한 현장평가를 하기 위해 출장도 계획되어 있다.

그런데 어제 저녁 아내와의 말다툼 여운이 가시지 않아 머리가 무겁다. 나의 약점은 아직도 촌스러움에서 벗어나지 못함과 평생 무거운 짐을 졌다는 허상이다. 지난 삶에 대해 보상받지 못했다는 보상 심리의 묵은 때를 닦아내지 못함이다. 소띠로 태어나 소처럼 산 것을 운명처럼 산다고 큰소리 뻥뻥 치면서 살아왔다. 누가 시켜서 한 삶도 아니고 주어진 상황에 적응하기 위한 몸부림 정도일 텐데 가끔 나도 어찌할 바를 모르게 참았던 설움이 울컥울컥 올라온다. 켜켜이 쌓였던 것들이 올라와 낯선 이를 만난 강아지마냥 으르렁거리게 되기도 하는 것이다. 이순의 나이에도 수양 부족이 여전하다.

그러한 부분이 약점임을 누구보다도 잘 아는 아내가 늘 이 부분을 지적하고, 고쳐지기를 바라지만 이 아킬레스건이 건드려지면 내가 주체할 수 없는 폭탄이 된다. 어제도 지난 주말친구들 부부 모임에서 조금 말이 많아졌다. 그런 모습을 못마땅해 하는 아내는 아니나 다를까 집에 와서 촌스러움과 가난의 때를 씻어내지 못했다며 한참을 지적해 대었다. 그리고 그 상황에서 나의 감정 폭탄 안전핀이 빠지고 말았다. 아내에게 받은 것 이상으로 폭발해 버린 것이다.

참지 못함을 자책하면서 뜬 눈으로 새우다시피 하며 밤새 뒤척이다 일어나보니 온몸이 무겁다. 아내도 편하진 않았을 텐데 아침 일찍 일어나 토스트와 과일과 커피를 준비해 놓았다. 서둘러 먹고, 마시고는 아내의 수고에 감사함도 전하지 못하고 차를 몰고 나왔다. 운전하면서도 어젯밤 행동에 대한 후회는 계속된다. 나는 언제쯤 다 내려놓을 수 있을까! 무엇이 그리도 날 괴롭히는 욕심일까?

시골길 따라 가는 길에 자욱하던 안개가 서서히 걷히고 있다. 내 마음속에도 뿌옇게 드리워진 안개가 사라지고 있다. 화를 내고 '미안합니다 사과하지 못했고, 불편한 맘 누르며 맛있고 건강한 식사를 준비해 준 고마움도 표현하지 못했다. '미안합니다!', '고맙습니다!'를 생각으로만 내내 되풀이하며 어제의 언쟁에 문제를 되새겨 본다.

이장을 만나 도로 문제를 상의하고 서울 출장을 가려고 고속터미널로 가서 버스를 탔다. 머릿속에서 계속되는 후회와 미련에서 벗어나보려고 미리 준비한 젊은 유명 작가가 쓴 소설책을 폈다. 얼마쯤을 읽어가던 중에 주인공 여자가 일본인 불량학생들에게 봉변을 낭할 위험에 처했을 때 불량배를 멋지게 물리치고 그녀를 보호해 준 남자주인공이 등장한다. 소녀의 촌스러움과 그 상황만을 빨리 벗어나려는 소심함으로 자기를 구해준 신사에게 고맙다는 말을 하지 못했음을 헤어진 다음 뒤늦게 깨닫게 되었다는 문장에서 내 마음이 잡혔다. 그리고 잠시 잊었던 어제의 상황으로 돌아가 앉는다.

　왜 나는 미안할 때 미안하다고 못하고 고마울 때 고맙다고 못하는 걸까? 그 말이 한 치도 안 되는 거리의 입 밖으로 나오는데 뭐 그리도 많은 용기가 필요한 것일까? 가까운 사람일수록 더 표현하지 못하는 마음속의 단어 '고맙습니다!' '미안합니다!' '사랑합니다!'

　이런저런 생각을 하면서 앞으로는 이러한 말이 느낌과 상황에 따라 바로 나올 수 있도록 실천할 것을 다짐해 본다. 버스는 잘 정돈된 고속도로를 쉼 없이 달려가고 있다. 다양한 잡념으로 어제를 다시 살면서 반성하는 마음으로 이렇게 지면을 채워본다. 난 언제쯤 다 내려놓을 수 있을까?

내 이름은요

많은 사람들이 자기 이름에 대한 일화나 별명을 가지고 있을 것이다. 내 이름에 대한 일화는 엄청 많은 편이다. 나조차 처음 들은 내 자신의 진짜 이름은 첫 번째 초등학교 입학 시도 때였다. 호적에 등록한 시점이 출생년도보다 1년 늦어 입학통지서를 받지도 않았는데, 동네 같은 또래 친구들이 입학통지서를 받았다고 아버지는 나를 데리고 학교로 갔었다. 학교까지 가려면 조그만 고개를 넘어서 5㎞ 정도를 걸어가야 했다. 어린 나이에 어른들과 같은 보폭으로 고개를 넘는 것이 쉽지는 않았다.

학교에 도착해서 통지서를 받은 학생을 호명하면서 1, 2, 3반으로 나뉘어 담임선생님 앞으로 가서 줄을 서야 했다. 다른 학생들의 이름은 모두 호명이 되었지만 나와 내 친구는 호명되지 않았다. 이때 나의 호적상 법적 이름을 아버지로부터 처음 듣게 되었다. 큰 충격이었다. 어려서 동네에서 그동안 불리던 이름이 아닐 뿐만 아니라 내가 들어도 너무도 특이한 이름이었던 것이다.

첫 아들을 홍역으로 잃게 되신 아버지는 나뿐만 아니라 형님들도 아들은 아명, 족보, 호적에 쓰일 이름을 달리 지었다. 전설처럼 내려오는 어릴 적 이름은 아무렇게나 막 지어야 장수한다는 미신을 믿었던 것 같다. 그래서 우리 동네에는 개똥이라 불리는 사람도 있었다.

아버지가 면사무소에 가셔서 알아보신 이후에야 이유를 알 수 있었다. 내 이름이 불리지 않은 것은 같은 나이 또래여도 전년도 출생자와 차년도 3월 이전과 이후로 나뉘어 입학하는 상황이었기 때문이다. 나와 친구는 9월생이라 조기 입학을 하려면 벌금을 내고 호적을 고친 다음 입학이 가능하다고 했단다. 이에 부담을 느낀 아버지는 내년을 기약하며 집으로 돌아왔다. 그래서 나는 본의 아니게 초등학교부터 재수를 하게 되었다.

1969년도에 다시 입학을 시도할 때부터 내 이름은 또 웃음거리가 되었다. "개다리, 배달부, 배달의 민족, 배하고 다리…" 학생은 물론 선생님들도 놀려서 가뜩이나 내성적인 성격이었던 나는 이름이 불릴 때마다 그야말로 고통이었다. 그나마 다행인 것은 총각으로 같이 살던 막내 삼촌의 영향을 받아 자연스럽게 조기교육을 받아 한글과 구구단을 4단까지 외우고 입학한 덕분에 선생님의 칭찬과 우수상으로 이름에 대한 고통을 상쇄할 수 있었다. 중학교 입학, 고등학교 입학, 회사 취직할 때도 여지없이 따라오는 나의 소개와 특이한 이름은 많은 이들의 관심을 끄는 데 성공했다. 언제, 어디서나 내가 나타나면 한쪽 구석에서 '아이고 배야' 다른 한쪽에서 '아이고 다리야' 하는 놀림을 받던 학창시절을 겪으면서 어색하던 이름은 나의 대변자가 되어 갔다. 첫 직장에 입사하고 얼마 지나지 않아서의 일화이다. 그 당시 나는 설계실에 근무를 하게 되었는데 사무실 내에는 과장 이하가 사용할 수 있는 전화기가 한 대 뿐이었다. 먼저 받은 사람이 담당자를 찾아서 연결해 주는 방식이었다. 어느 날 전화기가 울리고 생산계장님이 전화를 받았다. 이분은 이 회사에서도 몇 안 되는 대전 명문고 출신이고, 젠틀한 분으로 소문났었다. 그런데 갑자기 전화기에 대고 화를 내기 시작했다. "뭐라고요? 개다리요? 어디다 전화를 해서 장난질이에요?" 이 소리를 들은 나는 직감적으로 나에게 온 전화이구나! 했지만 낄 틈이 없었다. 얼굴이 발개져서 다가오는 내 모습을 보고 미안해하시면서 전화기를 전해 주시던 그 모습은 이름에 얽힌 일화 중 압권이다.

두 번째 직장에서도 의례적으로 치러야 하는 관문을 통과하고 3년이 지나 적응할 즈음 후배들이 입사를 하고 그들 앞에서 선후배 간 자기소개를 했을 때에도 웃음을 참지 못한 자들의 킥킥거림은 여전했다. 지금도 후배들은 그때를 기억하면서 개다리로 들려서 궁금했는데 물어보지 못했다고 하면서 웃는다. 새로운 친구, 미팅, 친구 소개팅에서도 내 이름은 초기 어색함을 덜어주는 단골 소재로 등장했다.

그렇게 기나긴 세월을 특이한 이름을 달고, 면역의 시간과 운명처럼 받아들이면서 살아왔다. 아직도 만나는 사람마다 한 번 들으면 잊지 못할 이름이라 좋다고 위로한다. 이제는 진화된 해석법으로 내 이름은 관심의 대상이다. 그럴 때마다 나는 수많은 일화의 추억을 떠올리며 미소를 짓는다. 아버지! 이름을 특이하게 지어 주셔서 감사합니다. 하하.

수제비 한 그릇

오늘은 서울로 출장 가는 날이다. 미리 예약한 고속버스를 타고 11시 40분에 서울고속터미널에 도착했다. 버스기사와 서로 감사 인사를 하고 내렸다. 12시가 가까워 왔으니 배꼽시계의 알람도 함께 도착했다. 목적지까지는 지하철을 타고 가야 해서 1층 지하식당가로 내려갔다. 무엇을 먹을까 생각하면서 이곳저곳을 두리번거린다. 요즘은 혼밥족도 많다지만 혼자서 사람이 많은 식당을 가는 것은 익숙하지 않아서 아직도 용기가 필요하다. 소문난 맛집들은 벌써 줄이 길다. 나이가 들면서 한 그릇으로 해결하는 해장국, 설렁탕 등 국물 있는 음식 종류로 입맛도 바뀌어 가고 있다. 마음을 정하지 못하고 있는데 '수제비'란 글자가 눈에 들어온다. 식당에 들어가 얼큰 수제비를 주문했다.

수제비라는 말에는 어릴 적 여름날의 기억이 들어있다. 바쁜 농촌 일손을 마치고 한 시간쯤 먼저 온 엄마는 저녁을 준비한다. 없는 살림에 보릿고개를 지난 여름날은 그날그날 텃밭에 있는 재료가 밥상을 준비하는 주재료가 되었다. 가난한 집안의 쌀독은 이미 비어 버린 지 오래고

꽁보리밥만 먹을 수는 없기에 그나마 식구들 배도 채우고 입맛도 돋우기 위해 밥 대신 밀가루를 가지고 만드는 수제비나 칼국수가 자주 밥상에 올랐다.

밀가루 반죽을 하는 엄마의 손은 바쁘다. 양은솥에 물을 부으면 나는 아궁이에 불을 피운다. 변변한 육수 재료가 없으니 마당가의 펌프 물을 받아온 지하수가 전부다. 요즘시대의 요리 프로를 보면 마른 생선, 멸치, 고기 등으로 맛있는 육수를 내는 비법이 많이 소개되지만 그때는 미원이나 다시다 같은 인공조미료도 귀했다.

솔가지를 꺾어 넣으면 아궁이에서 전해오는 뜨거운 열기가 여름날의 습한 공기와 함께 얼굴부터 달군다. 얼굴에서 시작된 땀방울이 목덜미를 타고 내려오는 것을 참고 있다 보면 이제 조금씩 물이 끓어 오르기 시작한다. 어머니는 끓는 물 안에다 널찍한 주걱에 반죽을 올려 펴고는 젓가락을 이용해서 칼질을 하듯 적당한 크기로 떼어 넣으셨다. 이때 국물의 맛을 더해주는 애호박이 들어갔는데, 호박은 돌보지 않았어도 두엄 옆에서 덩굴을 뻗어가며 잘 자라나던 기특한 녀석이다. 때를 놓친 늙은 호박에 밀가루를 섞어 죽을 만들어 먹으면 이 또한 여름 한 끼 식사를 대신하는 훌륭한 음식이었다.

수제비가 익어가는 동안 엄마의 손은 다시 바빠진다. 수제비에 간을 더하기 위한 양념을 장만해야 한다. 간장에 풋고추와 빨간 고추를 잘게 썰어 넣고, 마늘을 돌로 갈아 넣고, 참기름 한 수저 넣으면 맛있는 양념이 완성된다. 파나 볶아 놓은 참깨가 있으면 이것도 한 수저씩 넣으면 더욱 맛있어졌다. 그러나 참깨는 귀해서 이것은 자주 등장하지 않았던 것 같다.

수제비가 다 끓고 나면 나는 마당에 멍석을 깔았다. 사각 모양의 커다란 멍석도 모자라면 둥근 모양의 멍석도 같이 펴 놓았다. 사각 모양의 큰 멍석 한 가운데에 교자상이 펼쳐지고 작은 멍석에는 양은으로 만든 둥근상이 올려 진다. 상 가운데는 금방 만든 간장양념이 자리한다. 수제비는 커다란 다라에 담겨 마당으로 이동해서 일터에서 돌아올 가족을 맞는다. 이쯤 준비가 되면 들로 산으로 나갔던 대가족이 돌아와 앉는다. 오늘도 무사함에 감사를 하면서 각자의 자리를 잡으면 엄마는 한 그릇씩 배식을 한다. 할머니, 아버지, 큰형까지는 순서가 있지만 그 이하는 먼저 받는 사람 순이다. 식사를 하는 동안에도 부엌으로 드나들며 잔심부름을 해야 하는 누나들은 수제비 한 그릇도 제대로 먹기 어려울 때가 많았었다. 여자의 희생은 당연한 운명처럼 받아들이던 시기가 있었다.

옛 추억에 잠겨있는 동안 주문한 수제비가 내 앞에 놓인다. 서빙하는 아주머니가 그 당시 엄마를 연상하게 할 정도로 호리호리하고 나이가 들었다. 받아 놓은 수제비를 보고는 많은 부분에서 옛날과 다르다는 것을 발견한다. 육수가 빨갛다. 고추장을 푼 것 같다. 콩나물이 들어 있다. 수제비는 밀대로 밀어 납작하게 만들진 사각이다. 자세히 보니 밥알도 들어있다. 분명 지난 여름날과 재료의 차이가 있었다. 9000원의 가격을 보면 다양한 재료가 육수로 만들어 졌을 것으로 짐작된다. 그렇지만 어릴 적 수제비의 맛이 아니었다.

거기에는 없었다. 나의 땀방울이 없었고, 아궁이의 불 맛이 없었고, 지하수 물맛도 없었다. 텃밭에서 자라던 호박도 없고, 빨간 고추 들어간 간장 양념도 없었다. 결정적으로 엄마의 정성도 함께할 가족의 정서도 없었고, 멍석도 밥상도 없었다. 모두가 달라진 것이다. 세월은 많은 것을 변하게 하고, 추억은 그리움만 남기고 변해서 멀리 달아나고 있었다.

약속 위반은 범죄

크든 작든지 간에 어느 누구와 한 약속은 꼭 지켜야한다는 생각이 있다. 어쩜 그런 신념 때문에 오늘의 내가 있을지도 모르겠다. 어느 순간이든 최선을 다해 약속한 바를 지켜가면서 살아 왔으니 말이다.

새벽부터 서둘러 찬밥을 물에 말아 먹고, 어제 준비해 놓은 새참을 들고 차에 올랐다. 농기구들을 놓을 자리가 마땅치 않아 불편했는데 집안에 있는 화분들도 갖다 놓을 겸 비닐하우스를 짓기로 한 날이기 때문이다. 오래 전부터 계획한 일정이었고, 작업하시는 분들이 일곱 시까지 현장으로 오기로 했다는 중개자가 전하는 말을 듣고 새벽부터 서둘렀다. 자동차에 기름을 넣고 부랴부랴 7시 전에 논에 도착했다. 다행히 작업자들은 오지 않았다. 기다리고 있는 동안 골타기를 해 놓은 밭고랑에 비닐을 깔고, 고추와 옥수수에 유기황 오복이를 뿌리고, 메밀밭에 잡초도 제거했다. 한참이 지났는데도 작업자들은 오지를 않는다.

'다른 일정으로 바쁘실 수도 있으니 내가 이해를 해야지' 하면서 참으려했지만 시간이 갈수록 화가 나고 속이 부글거렸다. 어떻게 이렇게 연락도 없이 늦을 수 있는지 이해할 수 없었다. 12시가 지날 무렵 더 이상 기다릴 수 없어 중개자에게 물었더니, 한 시쯤에 간다고 했다고 연락이 왔다.

농촌일이란 찾으면 해야 할 일은 많으니까 또 다시 낫으로 잡초 제거를 하며 도를 닦는다. 한 시가 지나 두 시에 늦은 점심을 먹고 난 다음에도 온다는 사람은 소식이 없다. 도대체 언제 온다는 건지 모르겠다. '온다고 했다니 오늘 안으로는 오겠지!' 이젠 제대로 마음에 수행을 하는 느낌이다. 이대로라면 곧 득도를 할 것도 같았다. 가슴속에서는 마그마를 안은 화산처럼 화가 치밀어 오르고, 용광로 같은 분을 삭이느라 타들어가고 있지만 이성으로 제어하고 너그러운 마음으로 작업 인부들이 올 시간을 기다렸다.

무슨 일이든 내 마음에 차지 않으면 불같이 화를 내던 젊은 나를 생각하면 지금 이러고 있는 내가 나를 생각해도 말이 안 된다. 특히 약속을 해 놓고 지키지 않거나 30분 이상 늦게 오는 것은 성실을 모토로 하는 나에게는 이해할 수 없는 행동이었다. 이러한 행동은 사회의 기본 질서인 약속에 대한 믿음과 상호간 계약을 위반하는 나쁜 행동으로 상대의 마음을 황폐화 시키며, 죄를 유도하는 행위라는 생각이다. 많은 사람이 약속 위반을 죄라고 인식하지 못하고 있을지 모르지만, 분명 모든 범죄는 이 약속을 지키지 않는 데서 시작된다고 나는 생각한다.

과거의 기억이 떠오른다. 그날도 우리 일행은 석탄 건조 실험을 하기 위해 며칠 전부터 수분측정기, 저울 등 준비물을 챙겨서 차를 타고 실험 장소로 가고 있었다. 발전사의 현장에서 하는 실험이라 출입 신고부터 여러 가지 절차를 통과하려면 현장 담당자의 협조가 필수였다. 공동 연구하는 협력업체 담당자에게도 확인했고, 내가 직접 현장 담당자에게 전화로 우리가 도착하는 시간도 알려 주었다. 우리가 도착 전에 건조할 석탄을 준비해 놓아야 일정에 차질이 없음을 여러 차례 알리고 협조를 당부했다. 그때마다 돌아오는 답변은 걱정마라는 답변이었다. 그런데 우리가 현장에 도착했을 때까지 준비된 석탄은커녕, 준비하는 포클레인도 기사도 없었다. 황당 그 자체이었지만 어쩌랴 완전 을인 신세인걸. 꾹 참으며 담당자에게 다시 협조 전화를 했더니 미안하다는 말도 없이 곧 가겠다고 했다. 전화를 끊고 한참을 기다려도 오지 않던 자가 두 시간이 지나 나타나는 것을 보고는 들고 있던 삽을 그에게 던졌다. 그는 혼비백산 소리를 지르며 도망갔었다. 그러한 사건 이후 내가 흥분하면 살인도 할 수 있겠구나! 생각을 하면서 마음을 수양해야겠다고 다짐했었다.

그런데 오늘 또 이와 비슷한 일이 눈앞에서 또 진행되고 있었다. 그 이후에는 아예 전화조차 차단하고 막무가내로 버티던 그 업자의 소식은 월요일 출근해서 동료 중개자에게 들어야 했다. 토요일, 일요일은 힘이 들어 쉬고 싶었단다. 그런데 약속을 깜빡했고 지키지 못하는 상황에 계속 전화를 받는 것이 미안해서 아예 전화를 차단했단다. 이런 무책임한 행동이 또 있을까? 약속을 했으면 미안할수록 기다리는 사람을 위해서라도 미리 알려 사과하면 될 것을 "미안해서" 전화를 못한다고 이게 말이나 되는가? 휴일에는 쉬고 싶다면 자기가 약속을 하지 않았으면 될 일을 무책임하게 약속을 잡아놓고는, 쉬고 싶다고 안 나오고, 이후에는 미안해서 전화를 안 받았다니 도저히 이해가 되지 않는 사람이다. 상대방의 시간을 뺏고 마음을 불편하게 만들었다는 것이 얼마나 큰 잘못인지 알고는 있을까? 자기 잘못을 뉘우치고 있기는 한 걸까? 나에게는 약속의 중요성을 다시 깨닫게 하는 시간이었지만 그 사람에겐 어떻게 기억되고 있을지 모르겠다.

죄란 법을 위반하는 것만이 아니라 생각과 말로도 가능하고, 약속 위반은 상대방으로 하여금 분노의 생각과 말과 행위를 유도하여 범죄를 일으키도록 원인을 제공할 수도 있다. 상대방이 행동으로 옮기기 전에 이해를 구하고 새롭게 약속하면 죄를 예방할 수 있음도 알았으면 더 나은 사회 질서가 유지될 것이다. 마음이 영 개운하지 않고 약속의 중요함을 더욱 깊이 깨닫게 해 주는 하루였다.

지금 농촌은 바쁘다

바쁜 하루가 될 것 같다. 머릿속에 계획된 하루 일과를 모두 마치려는 욕심에 내 마음이 새벽부터 나대고 있다. 평소와 다르게 서둘러 이른 아침 식사를 하고, 농사 전용 등산 가방을 짊어지고 나가는 나를 보고 아내는 이상하다는 눈빛으로 어디 가냐고 묻는다. 밭에 가서 할 일이 많다는 말을 뒤에 남기고 서둘러서 집을 나섰다. 작년부터 직장 동료와 텃밭 가꾸기로 시작된 것이 노모의 일손 돕기와 겹쳐서 올해부터 나에게는 대농(大農)이 되었다.

밭에 도착해보니 한 달 전에 뿌려 놓은 들깨가 풀과 함께 한참 경쟁을 시작했다. 인간의 목적과 욕심에 따라 이들의 자율경쟁 속에 개입할 시기가 된 것이다. 경제적 투자와 노력의 대가를 얻기 위해서는 가차 없이 잡초를 제거해 주어야 한다. 이때 일부의 아군도 희생양이 될 수밖에 없다. 아군의 희생 없이 잡초만을 제거하기 위해서는 너무 많은 노력과 시간이 필요하기 때문이다.

잡초를 열심히 제거하고 있는데 전화벨이 울린다. 마을 이장님에게서 온 전화다. 어제 찾아 뵐 수 있냐고 했더니 오늘 만나자고 했었다. 지금 잠깐 시간이 나니까 바로 오라고 한다. 풀을 뽑던 호미를 던지고 차를 몰아서 단숨에 이장 댁에 도착했다. 준비한 음료수 박스와 서류 봉투와 트랙터 이용료가 든 봉투를 들고 가서 인사를 했더니 박카스 한 병을 주신다. 오늘 온 목적은 어제 운을 띄워놓았으니 바로 본론으로 들어가 농업 경영체 등록을 위한 경작확인서에 서명을 받고, 트랙터 이용료를 드리고, 엄마가 부탁했다는 쌀값을 치르고 쌀을 차에 실었다. 마지막 한 가지 목적인 길을 막아 놓은 땅 주인의 전화번호를 얻으면 이장님과의 업무는 끝이다.

농막으로 사용할 컨테이너를 싣고 우리 논까지 가려면 좁은 농로로는 운반이 불가하여 폐가가 된 집 앞길을 지나야 된다. 몇 달을 고민해서 찾은 방법에 이 걸림돌만 해결하면 성공의 관문을 통과할 수 있다는 전문가의 진단이다. 그런데 그 폐가의 땅주인이 외부인 출입을 막기 위해 길 위에 쇠사슬로 막고 자물쇠를 채워 놓은 것이다. 이 열쇠를 확보해야 한다.

농촌의 폐가는 대부분 외지인이 투기의 목적으로 구입해 놓는 것이 일반적이라 오랜 세월 동네에서 사용하던 이 길을 막은 땅주인이 외지인 일거라고 생각했는데 뜻밖의 이름과 전화번호를 알려주신다. 그

땅 주인은 바로 그 집에서 살다가 오래전에서부터 연락이 끊겼던 우리 엄마의 양아들이다. 그러니 나에게는 동생이 되는 것이다. 피를 나눈 형제는 아니지만 그는 명목상 내 동생이다. 그는 어린 나이에 엄마의 부재로 동네의 말썽쟁이가 되었다. 돼지저금통이나 금전 가치가 있는 물건이 없어지면 그는 늘 피의자 신세가 되었다. 일부는 사실로 밝혀지기 때문에 일방적으로 그의 편을 들 수도 없었으나 그런 그의 행동도 이해는 되었다. 어릴 때 가난했던 나도 맛있는 것이 즐비했던 구멍가게를 지나는 것이 얼마나 심한 고통인지 경험으로 알기 때문이다. 그래서 우리 엄마와 나는 그를 불러 가끔 용돈을 주면서 타이르던 생각이 난다. 그는 아빠와 살다가 현재의 세종 시내 지역으로 이사를 가면서 멀어진 다음 연락이 없었고, 오래전에 풍문으로 들려온 소식은 잘 살다가 아버지마저 일찍 돌아가셨다는 소식만 들었다. 그렇게 수십 년이 지난 지금 그에게 전화를 했고, 반갑게 안부를 묻고, 자초지종의 목적을 알린 다음 내일쯤 만나 열쇠를 받기로 하고 전화를 끊었다. 잠시 많은 여운과 회상의 시간이 흘렀다.

오늘은 지난주에 골을 타 놓은 밭에 비닐 깔기를 하였다. 지나던 동네 아주머니가 힘들어 보이는 나를 보고 훈수를 둔다. 비닐을 고정하는 데 삽으로 흙을 파 덮으면 힘드니까 시장에서 고정용 금속 핀을 사다가 고정하면 쉽고 오래 사용할 수 있다고 하신다. 잠시 후 그늘에 앉아서 초코파이와 커피로 점심식사를 대신하는데 옆 논에서 일하시던 아저씨가 보시고 비닐 통에 파이프와 끈을 매서 끌면서 깔면 쉽다고 하신다. 아저씨에게 초코파이 서너 개를 건네며 넋두리와 함께 농사의 힘듦을 뱉어낸다. 농사에도 나름의 지혜와 노하우가 필요하다는 것을 금방 느낄 수 있었다. 이론상으로 알고 있었지만 준비 부족은 몸을 고단하게 할 수밖에 없다.

바람이 분다. 이마의 흐르는 땀을 스쳐가면서 더운 열기를 싣고 간다. 고마운 바람이다. 또 다른 바람이 분다. 깔아 놓은 비닐이 날려서 빨리 흙으로 덮어야 한다. 턱밑까지 오르는 숨을 참아가며 삽질을 한다. 성가신 바람이다. 같은 바람인데 보는 관점에 따라 처한 환경에 따라 이렇게 다르게 받아들이는 것은 인간의 간사함일까? 욕심 때문일까?

한 골 또 한 골 덮여가는 밭을 보며 성취감도 느끼지만 몸이 고되니 한숨 쉬었다가 해야겠다. 힘은 들었지만 그래도 오늘은 바쁘고, 길고, 알차게 하루를 보내고 있으니 감사한 마음으로 받아드려야지! 하면서 마인드 컨트롤을 해본다. 이제부터 농촌은 바쁜 날들의 연속이 될 것이다.

단풍 든 사람도
꽃보다 아름답기를

　이 세상에서 가장 아름다운 것이 무엇이냐고 물으면, 꽃이라고 대답하는 사람이 많을 겁니다. 그래서 귀중한 날에는 꽃을 선물하고, 꽃으로 장식을 하는지 모릅니다. 장례식에서조차 말입니다. 길가를 지나가다가 꽃이 있으면 아름다움에 취해 사진을 찍고 그 속에 어울리기도 합니다. 이런 노래 가사도 있지요. '누가 뭐래도 사람이 꽃보다 아름다워 이 모든 외로움 이겨낸 바로 그 사람~' 또 '단풍은 꽃보다 아름답다는 이도 있고요. 그러면 정말로 제일 아름다운 것은 무엇일까요?

　흔히 인생을 봄, 여름, 가을, 겨울의 사계절에 빗대어 표현할 때가 있습니다. 새싹이 희망을 안고 태어나는 어린 시절을 봄으로, 세찬 비바람에도 푸름을 더하고 이글거리는 태양과 홍수의 시련에도 무럭무럭 자라나는 여름을 청장년에 비유하기도 합니다. 그러면 여름을 보내고 알찬 열매를 맺고, 풍성한 결실을 거둘 때인 가을을 중년으로 보아야겠네요.

결실의 계절을 맞는 나는 무엇을 거두어들일 수 있을까? 그동안 우리 부부의 노고로 얻은 아파트 한 채, 성장해서 자기 앞가림하는 두 딸에, 주말농장 할 땅 한 필지를 가지고 있으니 이만하면 수지맞는 장사를 한 것 같습니다. 주말농장을 통해 가꾼 들깨를 털어 쭉정이는 날리고, 고구마 캐서 저장하면서 벽난로에 구워먹을 기쁨도 생각합니다.

그렇지만 단풍이 더해가는 계절을 피할 수는 없습니다. 그래서 세상에서 제일 아름다운 꽃보다 사람이 더 아름답고, 단풍도 그러하니 단풍 든 사람도 꽃보다 아름답다고 우기면서 살아보려 합니다. 단풍으로 모자랄지 몰라서 그 옆에 들국화로 장식하고, 더 멋진 수채화를 그려보려고 합니다.

그렇지만 현실의 가을비 오는 처마 밑에서 하늘을 보고 있는 나는 이내 쓸쓸하고 외로움에 한기를 느낍니다. 올 가을은 유난히 더 그런 것 같습니다. 외로움을 덜어내려고 나의 놀이터 주말농장으로 향해 봅니다. 다가오는 겨울을 위해 준비한 곳입니다. 여름철에 심어 놓은 무와 배추가 잘 자라고 있습니다. 고라니의 침입을 막기 위한 울타리 그물망도 안전합니다. 배추 잎에 자기 후손을 키우려고 흰나비가 쌍쌍이 사랑나누기를 하고 있네요. 그렇지만 그들의 날갯짓도 지난봄과는 다르게 아름답게만 보이지 않습니다. 이른 봄날에 만났던 흰나비, 노랑나비는 희망과 젊음이 있어 반갑고 아름답기만 했는데 말입니다. 나비의 애벌레가 내가 정성들여 가꾸어 온 배추 잎을 갉아 먹으면 어떡하나? 하는 노파심과 욕심의 마음이 일어납니다. 기어코 달려가서 다른 곳으로 날려 보냅니다. 진정 아름다운 단풍으로 물들기에는 아직 너그러움이 부족한 듯합니다. 극단적인 감정에서 올라오는 살충제 살포의 욕심만은 조용히 눌러 봅니다. 아직 그렇게까지 야박하지 않을 수 있어서 다행이라고 위안하면서요.

지난 봄날과 여름날 가난의 주름을 어떻게 펼 수가 있을까요? 아직도 마지막 잎으로 남을 낭만의 미래가 조금은 남았다고 스스로 응원해 보지만 가을비가 오니 그 희망조차도 잠들게 하네요. 따뜻한 보일러에 오리털 외투가 있어도 내게 추위는 피하고 싶어지는 계절입니다.

찬 고구마에 김치로 끼니를 대신하던 그 시절이 무섭게 몸서리쳐집니다. 변변치 못한 신발에 짚으로 새끼를 꼬아 미끄럼방지 장치를 하고 난방용 땔감을 지고 산길을 내려오던 지게의 무거움이 누르던 고달픔은 아직도 극복되지 못하고 한구석에 잠자고 있나 봅니다. 지금은 눈보라가 닥쳐도 따뜻한 아파트에서 안락한 겨울을 즐길 수 있지만 마음 한구석에 불편함이 남는 것은 무엇일까요? 그동안 바쁜 봄, 여름을 보내느라 몰랐던 내 몸도 추운 겨울을 준비하는 가을을 맞이하니 낭만보다는 다가오는 시련이 앞서서 반응하는 것이겠지요.

자연의 섭리를 거스를 수 없음에 순응하면서 단풍진 삶을 아름답게 할 수 있는 방법을 생각해 봅니다. 지금 이 순간이 소중함을 알고 과거 젊은 날의 미련과 욕심을 버리고, 오래 산 지혜의 너그러움과 감사하는 마음으로 살아보려고 합니다. 잘 물든 단풍 진 사람이 되기 위해서는 욕심을 버리고, 말수를 줄이고, 경험의 지혜로움만을 전하겠다고 다짐도 해 봅니다.

우리 집 김장하는 날

글쓰기 수업을 마치고 시집 발간 축하 모임에 들러 집에 9시가 넘어 도착하니 거실 한 가운데 아내의 수고가 산더미처럼 쌓여 있다. 김장 준비한다는 것을 알았으면서도 늦게 오는 바람에 도와주지 못한 미안함을 내비치기도 전에 아내는 쌩하니 방으로 들어가 버린다. 겨울 바깥 바람보다 더 찬 냉기가 싸하게 전해온다. 혼자서 이리 뛰고 저리 뛰고 하면서 손질하고 썰어 놓은 김장 속 재료가 저렇게 쌓여 있는 것을 보니 말하지 않아도 그간의 노고를 알 수 있다. 혼자서 그 많은 일을 해내면서 나를 얼마나 원망을 했을까? 짜증날 만도 하다.

아내는 일주일 전부터 김장 재료를 사들였다. 무는 주말농장을 통해 기른 것을 뽑아왔고, 나머지 생새우, 찹쌀죽, 갓, 대파, 마늘, 생강, 멸치 액젓, 고춧가루 등의 재료들은 강경시장, 유성농산물시장에서 시간 나는 대로 챙겨 놓고서도 어제까지 근처 재래시장을 다니며 부족한 것들을 사왔다. 그렇게 모은 재료들을 손질한 것이 거실에 수북하게 쌓여 조그만 산을 이루고 있다. 그나마 다행인 것은 괴산에서 주문해온 절임 배추를 사용하기로 해서 배추 절이는 과정을 간단히 해결할 수 있다는 거다. 주문한 배추도 벌써 도착해서 현관문 밖에서 대기하고 있었다.

다음 날, 아침부터 아내의 마음에 들도록 열심히 김장을 도왔다. 절임 배추 박스를 거실로 옮겨 포장을 제거하고, 함지박에 채반을 얹어 놓고 그 위에 배추를 포개어 쌓으며 소금기 먹은 물기를 빼내었다. 일이 서툰 탓에 아내의 잔소리를 듣긴 했지만 열과 성의를 다하는 모습에 아내의 마음이 조금은 누그러진 듯했다. 아침부터 땀 흘린 보람이 있다.

이제 속 버무리기 순서다. 거실 한가운데 김장용 풀장이 놓이고 김장 속거리가 목욕을 하듯 버무려 진다. 그동안 준비한 많은 채소들과 액젓, 고춧가루를 잘 섞어야 한다. 많은 양이기에 알맞게 간을 맞추기 위해서는 적당한 타이밍에 간을 보면서 잘 섞이게 몇 번이나 뒤적여야 한다. 온몸에 힘을 실어 팔로 저으며 뒤적여야 하는 작업은 만만치 않은지라 하다보면 허리도 아프고 어깨도 뻐근해진다. 그래도 이리저리 자세를 바꾸어 가면서 뒤적이다 보면 맛있는 속거리가 완성된다. 고된 노동 끝에 잘 섞인 속 재료들을 보는 그 흐뭇함은 해보지 않은 사람은 모를 것이다.

소금강을 건너오면서 새색시처럼 다소곳해진 배추를 시집보낼 신부처럼 화장시킬 시간이다. 아내는 빨간색, 초록색, 갖가지 색조 화장품을 바르고 댕기머리 틀어 가마에 얹는다. 가마꾼인 나는 옆에서 새로운 가마를 차례대로 대령하고, 세차하고 비닐 커튼치고 문짝을 닫으면 아내는 친정집에 보낼 준비를 시킨다. 이것은 처제네, 저것은 친정엄마 네, 우리 첫째 공주네. 아내가 일러주는 대로 이리저리 시집보낼 꼬리표도 붙인다. 나머지를 우리 집 냉장고에 배불리 채우면 비로소 김장날의 하이라이트를 만끽하게 될 시간이 온다.

부드럽게 잘 삶아진 돼지고기 수육을 이제 막 버무려진 겉절이에 싸서 입안에 넣는다. 일 년에 한 번 맛볼 수 있는 최고의 맛. 아내의 수고가 담긴 사랑의 음식이다. 막걸리 한 잔까지 더해지면 세상 부러울 것 없는 성찬이 된다.

김장을 하면서 어릴 때 추억을 떠올리게도 된다. 그때는 집집마다 배추 150~300포기 정도는 기본적으로 김장을 했다. 장독을 땅에 묻고 배추, 시래기, 동치미 등 갖가지 김치가 가득한 항아리를 보면 겨울 채비가 끝나는 것이다. 동네 아주머니가 집집마다 날 잡아 모여서 품앗이했던 북적대던 잔치였다. 그 추억을 떠올리며 김치 속거리에 어린 시절의 추억까지 버무려 넣었다.

김장이 이제는 조금씩 사라져 가고 있다. 농경사회의 대가족에서 소가족, 핵가족시대의 변화와 계절에 관계없이 무엇이든 쉽게 구할 수 있는 간편함과 다양한 먹거리에 밀려 나고 있는 것이다. 그래도 우리 집은 아직 김장을 담그고, 앞으로도 내내 그럴 것 같다. 손이 많이 가는 김장은 힘들고 번거로워도 해마다 반복하게 되는 건 그 속에 가족에 대한 사랑과 나눔의 정이 담겨 있기 때문일 것이다. 시집보내는 부모의 심정으로 각자의 짝을 찾아간 김치가 서로 사랑하는 마음을 전해지기 바란다. 가족 간에는 잘 숙성되어 곰삭은 김치 속같이 어우렁더우렁 어우러지고, 따뜻한 집밥의 정을 나누는 나날이 되기를 간절히 소망해 본다.

선택의 갈림길에서

 일요일이라는 핑계로 여덟 시가 지난 시간에 일어나 아내가 차려주는 밥상을 받았다. 서른 살의 둘째 공주는 일요일에도 늦잠을 자지 못한 아쉬움에 투덜대며 나온다.

 식사 후 커피를 내려 마시며 무엇을 할 것인가를 아내에게 묻는다. 아내는 자전거 타고 밀크에 갔다가 온다고 한다. 젖소 목장 근처에 카페가 있어 그곳을 밀크라고 한단다. 아내는 최근에 시작한 자전거 타기 재미에 푹 빠져 나는 엄두가 나지 않는 먼 곳까지 계획을 세우고 도전하고 있다.

 나도 어제 비학산 등산을 하면서 세운 계획인 자전거 타고 근처에 있는 전월산이나 원수산을 갈까하고 있던 참이다. 같이 가도 된다는 아내의 청에 잠깐 흔들렸지만 그것보다 나만의 시간이 필요해서 내 길을 가기로 했다. 헬멧과 자전거 전용 장갑을 챙기고 간식거리로 감 두 개 사과 한 개를 챙긴다. 그렇게 많이 가져간다는 아내의 잔소리가 언제나 양념으로 들어간다.

밖으로 나오니 쌀쌀하다. 자전거에 올라 달리니 찬기가 가슴을 스친다. '자전거 타기 초반엔 쌀쌀, 바람막이 겉옷 필요합니다'라는 문자를 카톡으로 잠시 후에 출발할 아내에게 바깥소식을 남기고 강변을 달린다. 가을 하늘과 경치를 즐기며 달리는 기분이 상쾌하다. 강변에 있는 참나무는 이발을 해서 가지런해졌다. 도토리 주워서 묵을 쑤어 먹던 초가을 기억도 한 페이지로 넘어 갔다.

경치를 즐기며 한참을 달리다 보니 목적지인 무궁화동산에 도착했다. 자전거를 주차장에 세우고 목걸이 자물쇠를 채운다. 오른쪽에는 전월산이 있고, 왼쪽으로 가면 원수산이다. 목적지를 미리 정하지 못하고 온 나는 선택의 갈림길에 섰다. 전월산과 원수산을 놓고 어디로 향해서 갈까를 잠시 고민한다. 주위를 둘러보니 도착하는 사람의 대부분이 원수산 쪽으로 향한다. 그럼 내 목적지는 결정된 것이다.

전월산을 향해서 가다가 정자와 억새의 풍경화를 사진에 담는다. 글쓰기 참 좋은 소재라 생각하며 조금 걷다보니 어린이집 같은 놀이터가 있다. 목을 축이고 떠오르는 생각을 핸드폰 노트에 정리하고자 벤치에 앉아 자판을 누른다. 생각을 모두 담기에는 손가락 움직임이 너무 느리다. 그래도 여기까지는 잘 선택한 것 같다. 운동의 목적을 챙기고 덤으로 수필 한 편을 담아 기록으로 남길 수 있을 것 같아서 좋았다.

조금 오르다 보니 한 가족들과 부부가 앞서 간다. 갈림길에 놓인 벤치에는 중년의 부부가 음료를 마시며 쉬고 있다. 그 옆에는 옛길과 새로 난 길이 있다. 나는 옛길을 택했다. 낙엽을 밟을 때마다 말을 걸어 온다. 넌 왜 이 길을 택했냐고.

60여 년의 생을 살아오면서 많은 선택을 해야 했었다. 학교 진학, 직장, 배우자, 집, 사업 프로젝트 등등. 그럴 때마다 많은 사람들이 선택하는 길을 따를 수도 있었지만 남이 가지 않는 길을 선택했다. 그 길도 누군가는 가야 한다. 그곳에도 길이 있기 때문이다. 그곳에는 다른 사람이 하기 싫어하는 것이 많을 수도 있다. 그러면 경쟁이 치열하지 않아서 좋다. 실패의 위험성이 있을 수도 있지만 반대로 성공의 확률도 높을 수 있다. 설혹 위기를 맞을 수도 있지만 생각지도 않은 덤이 많은 길이다. 항상 오른편에도 길은 있다.

돌아오는 길에 길가에 핀 들국화 향기에 이끌려 다가갔다가 욕심을 버리지 못하고 한 꼭지 꺾어서 담아 왔다. 항상 덤은 미리 생각지 않은 곳에서 우리의 인생을 풍성하게 만든다.

가을 오후 자전거 타고 시골길 달려갑니다.
코끝을 자극하는 향기에 끌려가던 길 멈춥니다.

길가에 노랗게 핀 들국화가 나를 멈추게 했네요.
그 향기에 취해서 다가가 봅니다.

먼저 유혹에 빠진 벌 나비가 달콤한
욕심에 꿀을 담고

나중 온 나도 그 유혹 못 이겨
한 꼭지 꺾어 가방에 담아 옵니다.

화병에 꽂힌 감국 향기
내 사랑 메신저로 오늘밤 그대를 유혹해 봅니다.

하윤호

뭉게구름
붕어빵
누이의 첫사랑
가방
연필
삶
인도 홀리축제
잡초
둘째사랑
이별여행

뭉게구름

아내와 나는 일주일에 서너 번씩 공주시 오곡동에 있는 텃밭에 나가 농사일을 한다. 어렸을 때 농촌에서 자란 경험이 있는 우리는 농사가 서툴지만 즐겁게 일하고 있다. 일 년 전쯤, 하루는 집에 가니 생후 3개월 되는 강아지가 있었다. 텃밭 아랫집에 앵두라는 개가 낳은 강아지인데 가져다 키우라고 하니 아내가 덥석 데려왔다. 난 책임지지 못할 강아지를 데려왔다고 잔소리했다. 그동안 강아지를 두어 번 키웠는데 좋은 경험이 없었다. 그들에게서 발생하는 털과 강아지들이 오줌똥을 못 가리는 데서 오는 구질구질함과 불편함이 먼저 떠올랐다. 난 키우는 걸 반대하고 다시 데려다주라고 했지만 아내와 딸이 키우기를 원해서 나는 최소한으로 관여키로 하고 키우기로 했다.

이삼 일이 지나자 강아지도 적응이 되는지 활발하게 움직였고 성견이 아닌 강아지 인지라 귀여웠다. 내가 거실로 나가면 같이 놀자고 나를 따라다니며 내 바짓가랑이를 앞발로 할퀴었다. 우리는 이름을 지어주기로 했다. 아내는 몽돌이, 딸내미는 찰리, 난 바둑이라고 부르자고 했다. 셋 다 주장이 강하여 물러설 기미가 없다. 서로 자기가 제시한 이름이 좋다고 주장한다. 아내와 딸내미는 자기편을 안 들어 주고 내 주장만 한다고 불만이다. 싸움이라도 날 기세다. 우리는 다른 사람 의견도 듣기로 하고 서울 큰딸에게 의견을 물었다. 카톡으로 답이 왔다. 큰 손녀인 하윤이가 이름을 구름으로 하라고 한다. 우리 셋은 자기주장을 일시에 거둬들이고 모두 어명을 받들듯이 구름으로 하기로 하였다. 하윤이는 황공스럽게도 성까지 지어 보내왔다. 뭉게가 성이란다. 우리 강아지는 뭉게구름으로 다시 태어났다.

딸아이 친구들이 구름이 사진을 보더니 품종이 보더콜리라고 한다. 생김새와 털 색깔이 영락 없이 똑같단다. 네이버에 보더콜리라고 검색하니 잉글랜드와 스코틀랜드 국경지역의 목장들에서 양을 치는 목축견으로서 체력이 강하고 기억력이 좋아서 최근에 반려견으로 인기가 높은 품종이며, 경계(Border)와 양치기 개라는 스코틀랜드 방언인 콜리(Collie)를 합쳐 보더콜리라는 이름이 탄생했다고 한다. 아내에게 얘기해 주니 순종은 아니더라도 보더콜리의 피가 흐른다고 좋아했다. 하루는 구름이 예방접종을 위해 동네 가축병원에 갔다. 수의사에게 구름이가 보더콜리 사촌쯤 되냐고 물어보았는데 수의사가 살며시 웃으면서 얘는 바둑 콜리입니다라고 얘기했다면서 흡족해한다. 한마디로 똥개라는 말인데 표현이 점잖아서 좋았단다.

드넓은 초원에서 양들을 몰고 좌충우돌하면 뛰어다녀야 할 우리 바둑 콜리가 하루 종일 거실에만 있는 것이 안타까워 텃밭에 갈 때마다 데리고 다닌다. 텃밭이 있는 오곡동은 구름이가 태어난 고향이고 엄마 앵두가 있는 곳이다. 구름이를 처음 텃밭에 데려왔을 때 구름이가 앵두를 발견하고 얼마나 좋아하는지 깡충깡충 뛰면서 앵두를 발로 할퀴고 물고 몸으로 부딪히면서 쉬지 않고 귀찮게 해도 앵두는 구름이가 그렇게 하도록 같이 놀아 주었다. 짐승인 개도 엄마가 그렇게 좋구나 하는 생각이 들었다. 앵두랑 놀다 헤어지면 닭장 주위를 쉴 새 없이 왔다 갔다 한다. 구름이가 휙익 지나칠 때마다 닭들이 놀라 하늘로 푸드득거리며 날아오른다. 역시 바둑 콜리의 피는 못 속인다. 활동량이 엄청나다. 밭에 심어놓은 시금치, 마늘, 양파 새싹들을 밟고 다닌다. 그리고 얼마나 빨리 달리는지 놀라울 정도다. 아내가 놀라 뛰지 말라 해도 잠깐 동안뿐이다.

이제는 집에서 우리가 밭에 가기 위해 물건을 챙기면 이내 알아차리고 우리 주변을 생기 있게 왔다 갔다 한다. 고향에 가면 앵두도 있고 제 또래 친구들도 있다. 구름에게는 우리 아파트보다도 그곳이 신나는 놀이터다. 그런데 우리말을 잘 따르던 구름이가 한 달 전부터는 말썽을 부린다. 텃밭에 가서 앵두랑 친구들과 재미있게 놀다가 집으로 갈 때가 되면 가지 않으려고 떼를 쓴다. 같이 가려고 구름이를 오라 하면 오지 않고, 가까이 가면 5m 정도를 유지하면서 뒤로 물러난다. 우리가 가려고 하면 조금 다가오는 것이다. 한 번은 약속시간이 맞추어 가야 하는데 실랑이를 더 하다가는 늦을 것 같았다. 그래서 텃밭에서 한번 지내 보거라 하고 차를 타고 서서히 나오는데 구름이가 뒤에서 헐레벌떡 뒤따라 달려오고 있다. 그래도 버림을 받기는 두려운가 보다. 내려서 구름이를 태웠다.

고향, 태어난 곳, 엄마인 앵두가 있는 곳, 친구가 있는 곳, 그리고 마음대로 뛰어다닐 수 있는 텃밭은 구름에게 천국이다. 그런 곳을 뒤로 하고 할 일 없이 거실을 왔다 갔다 하는 좁디좁은 절간 같은 집에 가지 않으려는 구름이가 이해된다. 그런 구름이를 보면서 휴가를 나왔다가 요양원으로 되돌아가지 않으려고 하시던 어머니가 생각난다. 소천하시기 3, 4년 전에 거동이 불편해진 어머니를 요양원에 모셨다. 우리 칠 남매 중에 어머니를 24시간 보호해 줄 사람이 없었다. 한 번은 요양원에서 2박 3일간 휴가를 받아내어 어머니를 앰뷸런스로 전주 누나 집에 모셨다. 전주는 어머니가 고향인 임실군 삼계면에서 이사 와서 거의 평생을 지내신 곳이다. 전주 중앙시장에서 20년 동안 노점상을 하면서 우리를 키워낸 애타는 곳이다. 엄마를 모시니 인근의 이모 쪽, 고모 쪽의 친척들이 와서 어떻게 지냈는지 서로 궁금한 안부를 묻고 쪼그만 아이들이 어른이 되어버린 이야기, 어린 시절 이야기들로 꽃을 피우고, 그때는 다 그랬었지 라는 말로 모든 것이 매조지 된다. 엄마는 매우 즐거워하셨고 행복하게 지내셨다. 엄마랑 같이 지내는 우리도 덩달아 좋았다. 사흘 내내 웃음꽃이 피어났다. 모두에게 꿈같은 3일이었다.

집 마당에 앰뷸런스가 도착했다. 엄마의 얼굴이 반쯤 울상이다. 다시 요양원으로 가야 할 시간이 다가오자 엄마가 불안해하신다. 고향 같은 이곳에서, 많은 친척들이 있는 이곳에서, 엄마의 피와 땀이 서려있는 이곳에서, 자식들이 있는 이곳에서 떠나야 한다는 사실이 믿기지 않는 표정이다. 며칠 더 있고 싶다고, 가기 싫다고 엄마는 힘들게 말했지만 결국은 앰뷸런스에 타셨다. 서울이 집인 막내딸과 바로 윗 언니가 앰뷸런스에 동승해서 엄마를 달래면서 올라갔다. 앰뷸런스에 타시기 전에 한숨을 쉬면서 탄식을 한다. "이 에미는 혼자서 일곱 자식을 키워냈건만 일곱 자식은 한 명의 에미를 건사하지 못하는구나!" 엄마가 생각날 때마다 이 말이 생각난다. 그때 내쉰 엄마의 한숨 속에 나의 온갖 회한이 스미어 있다. 나는 엄마 앞에만 서면 왜 이리 어리숙해지는지, 내 삶이 왜 이리 슬퍼지는지 알 수가 없다.

구름이가 거실에서 혼자 놀다가 내가 나가자 반가워서 내 쪽으로 꼬리를 살래살래 흔들며 다가온다. 고향이 가고 싶어서 그러는 건가? 그러나 오늘은 텃밭 가는 날이 아니다. 내일 텃밭 갈 때는 구름이가 좋아하는 간식거리를 가지고 가야겠다. 고향을 떠나 절간 같은 집으로 돌아오기 싫어하는 구름이를 간식을 주면서 데려올 생각이다. 거실

의자에 앉으니 구름이가 득달같이 무릎으로 올라와 자리 잡는다. 내 손이 구름이의 목덜미와 머리를 보드랍게 쓰다듬는 동안 구름이의 따스한 체온이 서서히 나에게 전달된다. 동시에 구름이와 나는 평온해진다.

붕어빵

 8시 반에 알람을 맞춰놓았는데 화장실을 가기 위해서 8시경에 일어났다. 거실로 나서니 아내가 반색한다. 항상 9시경에 깨워야 마지못해 일어나 어슬렁거리며 거실에 나타났는데 일찍 나오니 신기해하는 표정이다. 오늘은 텃밭에 가기로 한 날이다. 공주 산성시장 오일장날이기도 하다. 배추 모종과 몇 가지 농사에 필요한 물품도 사야 하는데 내가 일찍 일어나니 산성시장에 빨리 갈 수 있어서 좋아했다.

 아침을 먹고 9시 반쯤 집에서 나왔다. 10시 반경이 되어 산성시장에 도착했다. 오일장이 토요일과 겹쳐서 사람들이 아주 많았다. 시장은 왁자지껄 부산하다. 상인들은 신이 났다. 나는 아내가 산 몇 가지 물건들을 담은 검은 비닐봉지를 양손에 들고 다욱이 가게, 꽃 가게, 생선가게, 과일가게 등을 기웃거리다가 아내를 놓쳤다. 이럴 때는 찾으러 돌아다니는 것보다는 그 자리에 서 있는 것이 낫다. 나를 찾으러 아내가 지나온 길을 되돌아오게 되면 만날 것이다.

 나는 시장 내 쪼그만 사거리 빵 가게 앞에서 아내가 되돌아오기를 기대하며 서 있다. 빵 노점상 주인은 토요일 장날이 매상이 많이 오른다고 하면서 옆의 상인과 신나게 얘기하면서 손뼉을 치며 지나가는 사람들을 불러 모은다. 좀 있으니 아내가 돌아와서 핀잔을 준다. 벌써부터 마누라 꽁무니도 못 따라올 것 같으면 더 나이 먹으년 어떻게 하겠냐고, 아내가 배추 모종을 건넨다. 오늘 텃밭에는 봄배추를 심기로 했다. 지난 가을에 텃밭에서 기른 배추로 김장을 2번 했다. 서울 사는 큰 딸네 식구들이 김치를 잘 먹어서 서울 갈 때마다 김치를 가져다주는데 부족할 것 같아 봄배추를 길러 김장을 하려고 한다.

산성시장에 오면 기독교인들이 성지 순례하듯 꼭 들리는 데가 있다. 은어 붕어빵 포장마차이다. 둘이서 붕어빵 1개씩을 사 먹는다. 붕어빵은 천 원에 2개다. 배가 고파서가 아니라 그렇게 해야만 산성시장에 온 느낌이고 붕어빵을 먹어야만 우리의 어린 시절을 소환할 수 있고 마냥 행복해지는 것이다. 오늘 나는 농사꾼 차림이다. 바지도 잠바도 허름하고 신발도 낡은 것을 신었다. 햇빛을 피하기 위해 어수룩한 모자 하나 걸쳤다. 나와 아내는 붕어빵을 한 손에 들고 길가의 상가의 처마 밑에 깔개도 없이 퍼질러 앉았다. 너무 편했다. 근사한 레스토랑에서 격식 있는 의자에 앉아 룸서비스 맨의 예의 바른 서비스를 받으면서 먹는 것보다도 시장을 기웃거리면서 또는 이렇게 길가에 앉아 먹는 붕어빵이 더 맛있다. 붕어빵 머리부터 한 입 베어 먹었다. 입안이 따스한 느낌이 들면서 단팥의 달콤함이 혀 안을 맴돈다. 붕어빵을 들고 있는 손도 따뜻해진다. 방금 구워낸 붕어빵이라 촉감은 약간 바삭하면서 까칠하다. 단팥의 달콤함과 향내에 취하여 한 입 한 입 베어 먹다 보니 어느새 꼬랑지만 남는다. 하나 더 사 먹을까 하는 생각이 들지만 그만뒀다. 꼬랑지를 입안에 넣고 붕어빵과 이별을 한다.

사람들은 입은 옷에 따라서도 행동이 변한다. 사회의 각종 준법에 충실한 회사원도 예비군 훈련장에 예비군복을 입고 나타나면 각종 훈련시간에 늦는 것은 다반사고 농땡이치고, 헛짓하면서 제멋대로인 경우가 많다. 내가 양복을 입고 시장에 왔다면 이렇듯 시장 한구석에 편하게 퍼질러 앉아 붕어빵을 먹는 호사스러움을 경험할 수가 있었을까?

붕어빵을 먹은 후 비닐봉지를 들고 주차장으로 가는데 맞은편에서 낯익은 얼굴이 보였다. 내가 다니고 있는 사진반 동료였다. 어제 아침에도 동료와 함께 천변에서 만개한 벚꽃나무와 일출을 찍고 연꽃이 시들어 꺾인 연대가 물에 반영이 되어 기하학적인 형태를 하고 있는 모습을 사진으로 남겼다. 나는 초보자여서 되도록이면 전문가인 동료 옆에서 미주알고주알 물어보면서 사진 찍는 기법을 배우는 중이었다. 동료도 양손에 검은 비닐봉지를 들고 한 중년 여인의 뒤를 따라오다 나를 발견했다. 둘 다 겸연쩍어 했는데 그는 내가 하는 인사를 건성으로 받고 더 이상 말 걸지 말고 볼일 보라는 듯이 손사래를 쳤다. 나보다 10여

년 연상인 그들 세대에서는 아내를 따라 시장에 가는 것을 품위 없는 일로 치나 보다 지레짐작했다. 하긴 나도 젊었을 때는 아내와 함께 시장에 다니면서 비닐봉지를 양손에 들고 꽁무니를 따라다닐 줄은 꿈에도 해본 적이 없으니까. 젊었을 때는 직장 생활에 삶을 저당 잡혀 같이 돌아다닐 엄두도 못 내었다.

언제부터 시장을 같이 다녔는지 곰곰이 생각해 보니 페루에서 2009년부터 2년간 생활하면서 페루 재래시장을 같이 다녔던 기억이 났다. 집에서 10분 정도 거리에 시장이 있었는데 아내가 스페인어가 잘 안되고, 마약과 총기 소지자들이 있어 위험하고, 외국인이라고는 우리밖에 없어서 시장을 항상 같이 다녔다. 그러다 보니 같이 산책도 하게 되고 손도 마주 잡고 다니기 시작했다. 처음엔 손을 잡고 걷는 것이 어색했지만 습관이 되어서 지금은 둘이 걷게 되면 자연스레 손을 잡는다. 페루인들은 애정표현이 자유로워서 공원 잔디밭에 마주 보고 누워서 키스도 하고 서로의 몸을 어루만지기도 하였다. 우리가 산책하던 공원 내 산책길에서도 우리가 지나가는 길을 막고 서서 뽀뽀를 하는 연인들도 많았다. 도심의 한편엔 사랑의 거리도 있었다. 페루에 있으면서 마음속으로 언젠가는 길가에서 아내에게 뽀뽀를 해줘야지라는 생각을 했었다. 귀국을 몇 개월 남겨 놓고 일주일 시간을 내어 고대 잉카제국의 수도 쿠스코 지역을 방문했다. 안데스산맥 해발 2430m에 있는 세계 7대 불가사의 중의 하나인 마추픽추 거리를 거닐다 아내에게 기습적으로 뽀뽀를 해주었다. 빨개지는 아내의 양볼을 보면서 행복했었다.

　오늘 중요한 일은 이것으로 마무리되었다. 시장에서 아내를 놓쳐 아내를 헤매게 만들고, 검정 비닐봉지를 양손에 주렁주렁 달고 아내 뒤를 따라 다니고, 시장 구석에 퍼질러 앉아도 보고, 사진반 동료를 만나 계면쩍어 했지만 아내와 함께 소년 소녀처럼 붕어빵을 먹었으니 오늘은 이것으로도 행복하다.

누이의 첫사랑

　그 사람을 처음이자 마지막 본 것은, 초등학교 3학년 때 전주에서 완주군 도계리로 이사 와서 2년 동안 살았었던, 우리 집 앞길에 있는 시골 가게 앞에서였다. 추석 명절 일주일 전쯤 해서 동생과 함께 항상 할머니 산소를 벌초하러 다녔는데 오늘은 혼자 왔다. 그때 이곳 우리 집에서 오 리 길을 걸어서 상운리에서 버스를 타고 전주 동초등학교를 다녔는데 벌써 20여 년 전의 일이다. 지금은 이곳까지 버스가 다닌다. 할머니 산소 벌초를 끝내고 가게에 들어가 음료수 한 병을 사서 가게 앞에 있는 평상에 앉았다. 벌초하느라 땀을 흘려 갈증 난 상태에서 입을 통해 들어가는 첫 한 모금은 무척 시원하다. 음료의 시원함이 식도를 따라 아래로 내려가는 게 느껴진다.

　우리 집 쪽 골목에서 30대 후반의 신사가 터벅터벅 걸어오고 있다. 깔끔한 정장 차림을 보아서 현재 이 마을에 사는 사람 같지는 않았다. 가게 앞으로 오더니 평상에 앉아 있는 나를 본다. 습관적인지 고개를 움직일 듯 말 듯 움직여 목례를 한다. 나도 엉겁결에 고개를 끄덕인다.

앉아서 하는 모양새라 좀 건방지게 보였을 것 같다. 신사는 평상에 앉지 않고 내 맞은편에 서서 고개를 들어 우리 집 쪽을 쳐다보고 있다. 이 사람도 어렸을 때 이 마을에 살았었나 하는 생각이 든다. 나에게도 이곳은 추억이 많은 곳이다. 자세히 땅바닥을 바라보면 내가 꼬맹이였을 때 천방지축으로 뛰어놀면서 남겨놓았던 발자국들이 어지럽게 찍혀져 있는 것이 보인다. 이 가게도 논이 있던 자리다. 추수가 끝나면 이 부근에서 산내끼를 둘둘 말아 공처럼 묶어서 친구들과 이리저리 차고 놀았다. 연도 만들어 날리고 마을 앞을 흐르는 냇가에서 낚시질도 하고 종이배도 많이 띄워 보냈다.

옛 생각에 막 빠져들려고 하는 순간 신사가 말을 걸어왔다. 혹시 예전에 이곳에 살지 않았나요? 그의 눈동자가 내 눈을 바라보며 기대에 차서 바라본다. 그 눈빛은 내가 그렇다 라고 대답하기를 바라는 것 같다. 나를 어렴풋이라도 알고 있는가, 아니면 알고 있는 사람이랑 비슷한 분위기를 가지고 있나, 순간적으로 이 생각 저 생각을 하며 머뭇거리는 사이에 자신의 질문이 너무 단도직입적이었다는 것은 깨달은 신사는 다시 몇 마디 보충 설명을 한다. 그는 이 마을에서 태어나고 자랐으며 커서 서울로 가기 전까지 살았었다. 이곳에 살 때 전주에서 이사 온 소녀를 알게 되었는데 이름이 예분이다. 당신이 벌초를 하고 온 것으로 보아 이 마을 출신이 아닐까 해서 물어보았다고 말한다.

그 사람이 찾고 있는 소녀의 이름을 듣는 순간 나는 깜짝 놀랐다. 내 누이의 이름이다. 어렸을 때 하도 예뻐서 주위 사람들이 예쁜아 예쁜아 부르다가 이름이 예분이가 되었다고 주위 어른들한테 자주 들었다. 순간적으로 내 누이라고 대답을 할까 말까 고민하다가 그를 본다. 고생을 한 티는 좀 나지만 여유는 있어 보이고 자신만만한 표정이다. 아, 그러시군요 라고 대답을 하고 내가 다시 짧은 생각에 잠기는 사이 그 사람의 시선은 나로부터 우리 집 쪽으로 향하고 있다. 그는 버스가 오면 여기를 떠나야 한다는 것을 알고 있다. 그래서 한 번이라도 더 기억 속의 소녀가 살던 집을 보고 싶었던 것일까. 20여 년 전의 일을 회상하기 시작하면서 그의 또렷하던 눈빛은 어느덧 사라지고 새벽안개처럼 쌓인 추억 속에서 누군가를 기억해 내려는 듯한 아스라한 눈빛으로 바뀌어 있었다. 그는 고향에 올 때마다 추억 속의 소녀를 잊지 못하고 시간이 흐를수록 아름답고 풋풋한 향내를 품기는 첫사랑의 소녀를 소환하고 있었다.

그의 시선을 따라 나도 우리 집으로 달려간다. 마당에는 일꾼이 산에서 베어 온 많은 잔나무들이 있다. 누이와 나는 마당에 펼쳐진 잔나무들 사이에서 맹감이나 빨간 다래가 있는지 이리 폴짝 저리 폴짝 뛰어다닌다. 누이는 마을 초입에 있는 교회에 다녔다. 누이와 그 사람은 아마도 교회에서 가까워진 것 같다. 그리고 마을 뒤편에 있는 보리밭, 밀밭 사이로 난 길을 걸으면서 뛰면서 깔깔대며 서로를 알아 갔겠지. 소녀가 다시 전주로 이사 가면서부터 그 소녀의 기억 위로 한 겹 두 겹 다른 일들이 쌓여 갔겠지. 멀리서 뿌웅- 경적소리가 울린다. 곧 버스가 도착한다고 운전사가 보내는 신호다. 그는 생각 속에서 빠져나와 급히 내 얼굴을 본다. 그 소녀를 아는지 모르는지 대답을 듣고 싶다는 신호이다.

버스가 가게 앞에 멈출 무렵, 나는 그에게 이곳에 살지 않았었다고 대답했다. 거짓말이다. 이유는 모르겠다. 당신이 애타게 찾던 그 소녀가 내 누이라고 말할 수가 없었다. 왜 거짓말을 했을까? 다시 말을 바꿀까 내 누이라고. 그는 아주 좋아하겠지. 펄쩍 뛰겠지. 버스를 그냥 보내겠지. 어디 사냐고, 어떻게 사냐고 안부를 묻겠지. 이십 년간을 마음속에 품어온 그 소녀를 만날 수 있다는 희망에 부풀겠지…. 하지만 그 이후에는 어떻게 될까? 내년이나 내후년에 이 마을에 왔을 때 오늘처럼 애틋한 마음으로 내 누이를 그리워할까? 어쩌면 그의 아름다운 꿈 하나를 산산조각 나게 만드는 일일지도 모른다. 평생을 그리워하는데도 만나기도 하고 못 만나기도 한다. 만난다 하더라도 좋은 결과만 있는 것은 아니다. "세 번째는 아니 만났어야 좋았을 것이다"라는 인연의 소회가 생각난다.

그가 올라타자 버스는 떠났다. 논 사이로 난 구불구불한 신작로 길을 따라 버스가 안 보일 때까지, 버스 꽁무니에서 이는 먼지가 가라앉을 때까지 버스를 바라보았다. 나는 내가 그의 추억 속에서 가끔씩 화려하게 피어나는 그의 첫사랑을 지켜준 것인지 아니면 그렇게도 만나보고 싶었던 그의 첫사랑을 모른다고 한 거짓말쟁이인지를 자문하면서 그가 간절히 바라보던 나의 옛집을 향해 시나브로 발걸음을 옮겼다.

가방

가방은 고민 보따리다.

가방은 길잡이요, 내가 가야 할 길을 알려주는 방향타이다. 가방은 눈물과 땀의 기록이다. 매일매일 쓰는 일기장이 아니라 띄엄띄엄 쓴 투박한 일기장이다. 돌이켜보면 가방은 나의 성장 시기 시기마다 도전하고 극복해야 하는 목표물들로 가득 차 있는 진격의 사다리였다.

나에게 첫 가방은 책보였다. 초등학교 저학년 시절 등교하려면 보자기에 책과 공책 한두 권을 놓고 둘둘 말아서 왼쪽 어깨서부터 오른쪽 허리로 질끈 동여매고 학교로 내달렸다. 심하게 움직이면 책보가 느슨해져서 책과 노트가 땅 위에 내던져지는 경우가 많았다. 특별한 고민을 담지는 않았지만 친해지고 싶지 않은 불편한 가방이었다.

초등학교 5학년 때 가방은 엄청난 고민으로 가득 찼었다. 중학교를 시험을 봐서 가야 했던 시절이었다. 전주에서 엘리트 과정은 전주 북중학교-전주고등학교-서울대 진학이라는 자타가 공인하는 진학 과정이 있었는데 북중학교 시험 칠 깜냥이 안 되었던 나는 아버지의 높은 기대에 미치지 못할 것을 일찌감치 알았기에 6학년으로 올라갈 때가 되자 학교가 두려워졌고 가방을 가까이하기 싫었다. 6학년 때 중학교 진학시험제도가 추첨제도로 바뀌었다. 갑자기 나의 고민이 중학교로 유예되었다.

중학교 시절에 내 가방은 학과목으로 가득 찬 다른 아이들과 거의 같은 무게의 고민을 담고 있었다. 아버지의 공부에 대한 엄청난 압박도 사라졌다. 중 2학년 때 교통사고로 아버지가 돌아가셨다. 장남인 나에게 공부하라는 사람은 하나도 없었다. 가방은 나에게 무의미했다. 고민거리도 아니었다.

공고로 진학했다. 누구 하나 공부하라고 하지 않았지만 엄마의 넋이 나간 듯한 고생이 나도 빨리 돈을 벌어야겠다는 생각을 갖게 했다. 고3 10월에 담임선생님이 조그만 중소기업에 실습을 보내주었다. 이제까지와는 전혀 다른 종류의 가방을 손에 들었다. 세면도구, 옷가지 등 생활에 필요한 도구들이 가득 차 있었다. 가방을 들고 부천 소재 회사로 가려고 집을 나서는데 동네 어른들이 잘 되었다고 하면서도 이제부터 고생길이구먼, 하고 혀를 쯧쯧 찼다. 이해할 수가 없었다. 드디어 돈 벌러 가는데, 같은 반 아이들도 취업실습을 나간다고 좋아해 줬는데…

군대 가기 전 2년간 직장 생활을 하면서는 거추장스러운 가방은 없었다. 엄마를 도울 수 있어서 행복했다. 군에 입대해서 의무병으로 복무했다. 고민 보따리인 가방이 없으니 걱정이 있을 리가 없었다. 제대했다. 울산 석유화학 회사에 고졸자로 입사했다. 입사 다음 해에 방송대 행정학과에 입학했다. 출퇴근 때 나는 가방을 들고 다녔다. 가방엔 방송대 교과서들로 가득 차 있었다. 막상 고졸자로 입사하고 보니 대졸자들과의 지위나 대우, 윗사람들의 기대 등 차별이 심했다. 가난을 벗어나거나 인간적인 대우를 받으려면 배워야 했다. 내가 기댈 곳은 아무것도 없었다. 오로지 가방, 가방 안의 방송대 교재만이 나를 희망의 나라로 이끌고 있었다. 가방은 극복해야 할 고민 보따리였다. 동시에 행복 보따리이기도 했다.

다시 가방이 바뀌었다. 자의 반 타의 반 회사를 그만두었다. 결혼한 지 6개월 되는 때였다. 방송통신대학교도 졸업했다. 공무원 시험 서적이 가방을 가득 채웠다. 가방이 임신하여 만삭이 된 아내의 배처럼 불러 터질 정도로 빵빵해서 무거웠다. 흔들리는 시내버스에서 무거운 가방을 1시간 정도 들고 있으면 팔이 거의 빠질 정도였다. 그래도 난 가방을 사랑했다. 사랑의 대가를 바란 것은 아니었다. 가방은 하루 종일 나를 깨어 있게 하고 목표를 잊지 않게 해주었고 나를 나답게 만들어 주었다. 두 번째 도전해서 공무원 시험에 합격했다.

그 뒤로도 가방은 여러 번 바뀌었다. 스페인어 서적으로 차 있을 때도, 멕시코 내 한국법인들의 자료로 가득 차 있을 때도 있었다. 바뀔 때마다 힘차게 도전했고 극복했다. 내게 있어서 가방은 정복의 대상이었다. 여전히 고민 보따리이기는 하지만 가방은 내 삶의 발자취이자 살가운 삶의 동반자이다. 올해엔 내려놓았던 가방을 다시 집어 들었다. 내 삶의 마지막 고민이 될 글쓰기 관련 책을 넣었다. 두려워하지 말고 최선을 다해 도전하자. 다시 한 번 힘차게 뛰어보자.

올해 3월 손녀가 초등학교에 입학하였다. 손녀가 좋아하는 분홍색 가방을 사주었다. 좋아서 팔짝팔짝 뛰는 손녀를 본다. 손녀가 전 생애를 통해서 들고 다녀야 할 수많은 가방 중에서 첫 번째 가방이다. 먼 후일 손녀가, 가방이 너에게 어떤 의미였냐고 질문을 받으면, 무엇이라고 대답할까? 나는 희망한다. "가방은 행복이다"라고 대답하기를….

연필

　책상에 앉아 필통에서 새 연필을 꺼내 깎기 시작한다. 쓰윽 쓱 열댓 번 칼을 앞뒤로 반복하니 연필 조각들이 책상 바닥에 떨어지면서 향기로운 냄새를 풍긴다. 뭉툭하던 연필이 조금씩 뾰족해진다. 한두 번 더 세심한 칼질을 하면서 연필심을 내가 좋아하는 굵기로 다듬어 놓는다. 너무 뾰족한 심은 부러질 위험이 많다. 끝이 날카로우면 종이 위로 지나가면서 느끼는 필기감이 껄끄럽다. 적당하게 뾰족한 연필심은 잘 부러지지도 않을뿐더러 종이 위를 사각사각 날렵하게 미끄러지면서 글을 써 내려간다.

　연필은 제 고집이 없다. 주어진 상황에 따라 몸을 맡기고 필요에 따라 누군가가 깎으면 깎이고 쓰면 쓰인다. 연필로 태어나 깎이고 쓰고, 반복되는 과정에서 몽당연필이 되고 마지막엔 빈 볼펜 깍지에 끼여져 쓰이다 사라진다. 연필의 삶은 희생적이다. 자기 몸을 칼 앞에 내어놓고 조금씩 짧아지며 자기 생명을 바쳐 쓴다. 불평도 없다. 연필이 써 내려간 가지각색의 시, 수필, 소설, 일기 등 각종 글들이 희생의 대가로 남겨 놓은 유산들이다.

　오랜만에 연필을 깎는 사소한 행위를 하면서 연필이 희생적 삶을 가지고 있다고 생각하니 사연스레 어머니 생각이 났다. 우리 세대의 보편적 어머니들은 핍박과 고난 속에서 한평생을 살아왔다. 일제 강점기에 태어나 어린 시절을 보내고, 1945년 일제로부터 독립은 되었지만 기쁨도 잠시 50년도에 6.25전쟁을 온몸으로 겪었다. 전쟁의 폐허를 딛고 6-70년대의 보릿고개를 넘어 좀 살만한 시대가 다가왔지만 우리의 어머니들은 이미 노인이 되어 있었다.

　나의 어머니는 이러한 시대적 어려움에 더하여 40대 중반에 홀로되어 2남 5녀를 길러 내셨다. 장남인 내가 14살, 막내는 3살이었다. 어머니는 자신의 살을 칼로 도려내듯이 깎아내며 새끼들을 굶겨 죽이지 않으려고 몸부림치셨다. 노점 장사를 마치고 밤늦게 집에 오면 올망졸망한 작은 고무신 14개가 어지러이 널려 있는 걸 보면 정신이 혼미해졌었다고 나중에 말씀하셨다. 누구 하나 도와주는 사람 없이 백척간두에 홀로 서서 어느 방향으로 나아가야 할지 알 수 없는 두려움을 신앙으로 이겨 내셨다. 어머니 옆에서 자고 있는데 누군가가 쿵쿵 쿵 거리는 느낌이 들어서 살며시 눈을 떠 본 적이 있었다. 어머니가 앉은 자리에서 풀썩풀썩 뛰면서 양손을 머리 위로 올렸다 내렸다 하는데 정신은 이미 온데간데 없을 뿐더러 입으로는 알아듣지 못할 이상한 소리를 중얼중얼거렸다.

상황을 살피던 나는 이내 끝없는 두려움 속으로 떨어지고 말았다. 어머니는 분명 미친 것이다. 우리를 먹여 살리려다 더 이상 버틸 수가 없으니 정신줄을 놓아 버린 것이다. 나에게도 두려움이 밀려왔다. 이제는 장남인 내가 동생들을 먹여 살려야만 한다. 어떻게 무슨 수로 어머니를 대신 한단 말인가. 집채같은 절망의 파도가 나를 덮치자 내 입에서도 저절로 기도가 나왔다. 하나님 어머니가 빨리 정신 차리게 해주세요. 미치지 않도록 해주세요. 그러다가 잠이 들었다. 아침에 일어나니 어머니는 과수원으로 가시고 안 계셨다. 나중에 알았지만 어머니는 방언으로 통성기도를 하신 것이었다.

어머니는 연필처럼 사시다 소천하셨다. 새끼들을 위해 살을 내어주고 심을 내어주고 결국에는 몽당연필이 되어 돌아가셨다. 어렸을 때 우리 칠 남매의 하늘이었던 어머니, 어머니 등 뒤에서 잠을 청할 때마다 어머니 등은 그 누구도 범접할 수 없었던 든든한 성벽처럼 느껴져 편안하였다. 돌아가시기 전에 어머니를 껴안아 볼 수가 있었다. 몸은 작아지셨고 솜털처럼 가벼우셨다. "어머니" 나직하고 다정스럽게 불러 보았다. "오야! 내 새끼야." 어머닌 자랑스럽게 대답했다. 내 품에 안기신 것이 부끄러우신지 얼굴에 살짝 홍조가 어렸다.

연필을 다 깎고 나서 문득 스스로에게 물어본다. 너는 지나간 한 평생 어떤 연필이었는지. 심이 굵고 튼튼하여 부러지지 않는 사랑 받는 연필이었는지. 심이 나약하여 연필이 깎일 때마다 쉽게 부러져버리는 연필이었는지를…. 어느새 나도 몽당연필이 되었다. 이젠 남은 삶은 세월의 칼에게 자연스럽게 깎이면서 살아야지. 어머니를 사랑하는 마음으로 글을 써야지. 그리고 삶을 노래해야겠다.

삶

삶은 흐르는 물이다.

삶이 살아있는 것, 살아가는 것이라면 흐르는 물은 삶과 다르지 않다. 흐르는 물은 높은 곳에서 낮은 곳으로, 장애물이 있으면 휘감고 돌아가 막힘이 없다. 보이지 않는 곳에서도 깊게 스며들어 곳곳에 머문다. 그곳에서 움을 틔우고 새싹을 세상에 밀어내며 모든 생명체들을 살아있게 하고 살아가게 만든다.

인적 드문 깊은 산속이나 너른 들판의 어느 한 귀퉁이에서 흐르기 시작한 물은 어느덧 실개천을 만들고 도랑을 만들고 시냇물이 되었다가 아늑한 시골 마을을 가로지르는 개천이 되어 흐른다. 물은 도시에서도 흐른다. 도시의 역동적인 희로애락을 마음에 담아 요란하게 아우성친다. 도시의 고통만큼 고통스럽게 흐르고 도시의 기쁨만큼 기쁘게 흐른다.

큰 강어귀에 들어서면 바쁘고 생기 있게 흐르던 물들이 부드럽게 출렁이면서 잔잔해지고 어느덧 깊은 강에 다다라 있게 된다. 멀리서 바다가 보일라치면 강물은 떠나온 고향과 여기까지 오게 된 여정을 생각하며 깊은 침묵 속에 가라앉는다.

시내를 흘러올 때 손에 종이배를 들고 시냇물을 따라오던 아이들을 기억한다. 종이배를 시냇물에 띄우고 누구 종이배가 멀리까지 가는지 내기하면서 쫓아온다. 행여 자기 종이배가 내 품에 안겨 냇물 속으로 가라앉지 않을까, 제법 큰 돌멩이 사이로 급류라도 형성되어 있으면 그곳을 지나치지 못하고 물속에 빠지지 않을까 전전긍긍하면서 물줄기를 따라 달려온다.

이런저런 장애물을 헤치고 안정감 있는 물살을 만나 종이배가 흔들리지 않고 떠내려갈 때쯤이면 아이들은 따라오기를 포기하고 먼발치에서 손을 흔들어 준다. 자신들의 소망이 담긴 종이배가 어딘지 모를 종착역까지 무사히 흘러가기를 바라면서, 아이가 된 나도 희망을 가슴에 품고 흐르기 시작한다.

강변 풀숲에 한 젊은이가 앉아 있다. 물결에 비친 그의 눈을 볼 수 있다. 초점 잃은 눈동자, 흔들리는 시선, 생기 없는 눈빛이다. 말이 전혀 없다. 그저 한 손은 무의식적으로 풀을 뜯어 강물 위로 던진다. 그 고통과 절망을 알 수 없다. 다만, 내 품 안에 안기지는 말라고 조용조용 일렁거리면서, 연민으로 가득 차 그 자리를 떠났다.

사람 개개인마다 자신의 삶을 살아가듯이 흐르는 물, 물방울 하나하나마다 삶이 있고 사연이 있다. 겉으로 보면 다 같은 물이지만 태생이 다른 물들이 고향 골짝으로부터 강까지 흘러오면서 경험한 일들이 물결 속에 담겨 있다. 어떤 물방울은 아침이슬로부터 시작된다. 눈이나 빗방울로부터 시작되고, 땅속으로부터 솟아 나오기도 한다. 땅 위의 생명체들의 땀과 눈물, 그들의 한숨과 희열로부터도 시작되기도 한다.

강가에 와서 눈을 감고 귀를 기울여 보라. 눈을 들어 도도한 흐름을 보라. 우리들의 조용조용한 목소리를 들어 보라. 나지막이 말을 건네보기도 하라. 우리와 하나가 되어보자. 세상 도서관 속의 수많은 책들보다 더 많은 이야기가 들려올 것이다. 물의 삶 속에 녹아있는 순리를 같이 들여다보자. 물의 탄생은 다양하지만 결국은 강물이 되어 바다에 다다른다. 땅 위의 삶은 흙으로 돌아가고 물의 삶은 바다로 돌아간다.

나는 강물이다.

시냇가를 흐를 때 가슴에 품은 종이배가 아직도 흘러가고, 강가 청년의 고뇌를 지금도 생생히 간직하고 있는, 실개천의 호기심과 촐랑거림을 기억하고 시냇물의 놀람과 아픔을 다 경험하여 이제는 바다에 안기고픈 강물이다.

인도 홀리축제

올해 3월 초에 아내와 나는 인도 홀리축제를 참관하고 사진을 찍기 위한 출사단에 합류하여 인도에 다녀왔다. 홀리는 힌두 달력으로 한 해의 끝인 12월 마지막 보름달이 떴을 때 인도 전역에서 약 일주일 동안 열리는 새해맞이 축제인데 양력으로 보통 2, 3월에 해당된다. 우리나라가 설날을 기준으로 새해가 시작된다면 인도는 홀리를 기준으로 새해가 시작된다. 축제 당일에는 수많은 사람들이 나와 색색의 꽃과 색 가루, 물감 들을 서로에게 뿌리며 즐긴다. 이날만큼은 카스트 신분제도와는 관계없이 어울린다. 거리마다 온몸에 색 가루로 물감을 뒤집어 쓴 채 춤추고 노래하는 사람들로 장관을 이룬다. 이 축제는 힌두교의 크리슈나 신과 그의 연인 라다가 얼굴과 몸에 색깔을 칠하고 놀았다는 힌두교 신화에서 유래했다고 한다.

인도 도착 다음날 아침 전세버스가 호텔에 도착했다. 홀리축제가 열리는 뱅키비하르 사원을 향해 출발했다 30분가량은 시원하게 달렸는데 1시간째 서다 가다를 반복하는 차 안에서 창밖만 물끄러미 바라보고 있다. 이 많은 인파들, 차량들, 오토릭샤들 저마다 빨리 가겠다고 소리를 꽥꽥 꽥 지르지만 나아지는 것은 없다. 점차 체념 상태에 빠져든다. 막히면 하염없이 기다리고, 차가 움직이면 편하게 흔들려 주면 된다. 지금 인도에서의 시간은 다르게 느껴진다. 모든 것이 느려진다. 시간에 맞추어 질서 있게 움직이는 것은 부질없다. 늦다고 빠르다고 다그치는 존재도 없다. 시계의 톱니바퀴처럼 모든 것이 예측 가능하고 1분 1초를 아껴 써야 한다는 고정관념에 사로잡힌 사회에서 이쪽 세계로 공간이동을 하여 온 사람들은 적응하기가 힘들다.

도로변에 검문소가 있는데 차량은 통과할 수 없다고 내려서 걸어가라고 한다. 홀리축제에 참가하려는 사람들이 각지에서 몰려들고 있어서 압사사고가 날까 봐 특수 목적 차량만 통과시키고 있다. 한참을 걷고 있는데 맞은편에서 달려오던 오토릭샤 안에서 주황 색깔의 정체불명의 물체가 내 쪽으로 날아왔다. 황급히 잽싸게 피하였어도 옷에는 주황색 물체가 많이 묻어 있었고 발밑에도 주황색 물체가 흩어져 있었다. 드디어 홀리축제답게 색 가루가 덮쳐오기 시작하는가 보다 하면서 정체불명의 물체를 보았는데 전혀 뜻밖에도 꽃이었다. 홀리축제는 처음에 색색의 꽃들을 던지다가 색 가루를 던지고 마지막은 물감 총 등이 등장하여 물감을 쏘아 댄다고 한다. 나에게 던져진 것이 색 가루가 아니고 꽃이라는 사실이 너무 좋았다. 내 평생 처음 맞아보는 꽃 세례였다. 머나먼 이국땅에서 꽃 세례를 맞다니 괜스레 흥분되었다.

걸어가는데 맨발로 걸어가는 남녀들이 많다. 아스팔트가 좀 뜨거운 데도, 흙이나 작은 돌멩이들이 있는 데도 우리보다 더 씩씩하게 걸어간다. 발톱은 붉은색, 파란색, 노란색들로 칠해져 있고 발목은 금색 은색 발찌가 둘러 채워져 있다. 우리들은 돈이 없어서 신발을 신지 못한다. 아니다 최하층민은 신발을 신을 수가 없다고 의견을 말한다. 하지만 이들은 신앙심이 돈독한 힌두교인들이다. 성스러운 힌두사원에 가는데 신발을 신고 들어갈 수가 없어서 맨발로 가는 것이다.

우리 일행은 어쩌다 보니 3팀을 나뉘어 떨어져 있게 되었다. 사원에 거의 다 왔다 싶은 순간에 모든 골목마다 경찰들이 바리케이드를 치고 못 들어가게 한다. 사람들이 너무 많이 모여 있어 위험하단다. 6시경이 되어 어둑해지니 뱅키비하르 사원에서의 축제가 끝나서 사람들이 줄어들고 있었다. 그 틈을 이용하여 3팀이 다시 만났다. 흩어진 지 대여섯 시간 만에 다시 모였다. 다들 고생담을 얘기하며 배고픔을 이겨낸다. 우리는 최종 목적지인 뱅키비하르 사원 문턱에 발도 붙여보지도 못했다. 축제 현장에 카메라를 들이대지도 못했다.

뚜렷한 목적이 있는 여행은 피곤함도 여행자를 굼뜨게 하지 못한다. 오늘은 델리에서 동남쪽으로 4시간 정도 달리면 나오는 마투라라는 도시로 가는데 이곳에서도 유명한 홀리축제가 열린다. 지방이니까 델리처럼 많은 사람들이 몰려들지 않아 사진 찍기가 좋은 환경이다. 우리 일행은 거의 다 사진 경력이 10여 년 된 베테랑들이다. 좋은 사진 한 장 찍을 수 있다면 어떤 고생도 불사할 태세다.

축제 장소에 도착할 즈음엔 사람들로 꽉 차있어 움직이기 불편하다. 우리들은 길바닥보다는 좀 높은 곳에 진을 치고 기다렸다. 카메라는 렌즈만 빼고 비닐봉지로 칭칭 동여맸다. 조금 후에 형형색색의 사람들이 밀어닥쳤다. 노래를 부르기 시작하면서 춤을 추면서 서로 서로에게 붉은색, 노란색, 파란색, 빨간색 등의 색 가루를 뿌리고 힌두교 신의 이름을 주문처럼 외쳐댄다. 그들의 기쁨과 희열, 색 가루 속에서 온몸이 채색되는 자유분방함을 글로서 표현하기 어렵다. 나도 그 속에 뛰어들고 싶다. 손끝을 하늘을 향하여 올리고 고개를 전후좌우로 돌려대며 그 자리에서 껑충껑충 뛰면서 온몸을 흔들어 대며 열광적으로 빠져들고 싶다. 얼굴은 빨갛게 채색되고 머리는 노란색으로 뒤범벅이 되면서 손과 발은 파란색으로 물들여지고 싶다. 나 같지 않은 내가 되고 싶다. 평생을 범생이처럼 살아왔던 나를 축제 속으로 내동댕이치고 싶다. 마음속에서 잠자던 열정이 용광로처럼 끓어오른다. 활활 타오른다.

어렸을 적 정월 대보름 하루 전 날 마을 인근 야산의 야트막하고 탁 트인 곳에 망우리불집을 지어놓았다. 초저녁에 보름달이 뜨면 불을 지르면서 망우리불이야 하고 외치면서 옆에서 불깡통을 빙빙 돌렸던 생각이 난다. 신나게 돌리던 불깡통 안에 남은 잔 불꽃이 적당히 있게 되면 최후의 힘을 다해 돌리다가 불깡통을 어두운 밤하늘에 힘껏 던진다. 내 시선도 불깡통을 따라 하늘로 올라간다. 그러면 달이나 별보다도 더 밝은 불씨들이 하늘에서 흩어지다 포물선을 그리며 떨어진다. 아! 그 어둠 속에서의 그 찰나적인 밝음과 사라짐, 그 뒤에 밀려오는 허전함. 지금 축제의 현장에서 하늘을 향해 빨강, 노랑, 초록색의 꽃가루를 던지고 하늘에서 포물선을 그리며 흩어지는 화려한 색깔들이 내가 던진 망우리 불깡통의 불씨들과 닮았다.

이 홀리축제는 가슴 한쪽에 깊이 파묻혀 기억조차도 할 수 없었던 내 열정을 발견하게 해주었다. 청춘의 붉은 실핏줄이 날줄 씨줄이 되어 촘촘히 엮여져 지금까지 내 인생을 지탱해 준 것도 알게 해주었다. 나를 홀리 축제 속에 내동댕이치고 싶었던 욕망이, 용광로처럼 달궈진 열정이 육십 대가 넘은 지금도 여전히 필요하다는 것을 깨닫게 해 주었다. 조용히 지내면서 사색과 관조로 삶의 의미를 되새기며 글만을 쓰려 했던 나에게 의외의 젊음을 선물해 주었다.

잡초

 나는 잡초다. 잡초이지만 잡초이기를 온몸으로 거부했던 잡초다. 누군들 온실 속에서 각종 영양분을 공급해 주고 온도 습도를 맞춰주는 환경에서 화려하게 피어나는 꽃이 되고 싶지 않을까. 잡초이기를 원해서 길모퉁이 보도블록 사이 바위틈 속 논두렁 밭두렁에서 천덕꾸러기처럼 자라나고 있을까?

 한때는 오늘 하루가 내 인생에서 최악의 날이야, 내일은 좀 더 나아질 거야 하는 생각을 매일매일 그렇게 수년간을 되뇌면서 살았다. 집이 가난하여 공업고등학교 3학년 10월에 스펀지를 생산하는 작은 공장에 실습을 나갔다. 말이 실습이지 노동력 착취였다. 기숙사에 있으면서 퇴근 후나 토요일 오후, 일요일에도 필요하면 시도 때도 없이 불려나가 일을 해야만 했다. 같이 실습 나간 한 친구는 손가락들이 잘리고, 또 한 친구는 산재로 인해 사망했다. 20살이 되기도 전에 경험하지 말아야 할 것을 경험했다. 참담했다. 앞이 보이지 않았다.

 도망치듯 군에 입대했다. 공고만 나와서도 별 고민 없이 하루하루를 지내던 나에게 군 동료는 가난에서 벗어나려면 배워야 한다는 말을 던졌다. 참 아픈 말이었지만 그 말이 가슴 깊이 와 닿았다. 온실 속 화초에 베풀어지는 좋은 성장 조건들처럼 동료의 한 마디는 나에게 영양제가 되었고 온도, 습도가 되어 주었다.

제대하고 울산 석유화학 단지 내의 회사에 고졸 자격으로 입사했다. 입사한 다음 배움의 길로 들어서기 위해 방송통신대에 입학했다. 글자 그대로 주경야독이었다. 9시에 출근해서 오후 6시에 일과가 끝나면 밤 11시까지 회사에서 공부했다. 2학년 때 노동법을 공부하면서 회사 운영이 노동법을 제대로 준수하지 않는 것을 알게 되었다. 노사협의회장을 회사에서 2년마다 한 번씩 정해주면 그 직원이 노 측을 대표해서 사 측과 직원들의 처우나 고충을 건의, 협의하는 것인데 제대로 돌아갈 리가 없었다. 노사협의회장 임기가 끝나자 회사 측은 다음 회장을 지명했지만, 내가 회장에 출마하겠다고 선언했다. 선거일이 다가와 체육관에 직원 200여 명이 모여 후보들의 연설을 듣고 투표를 했다. 회사 창립 후 처음 있는 일이었다. 직원들은 뿌듯해했다. 노사협의회 활동이 직원들의 입장에서 진행될 거라는 희망이 생겼지만 나는 낙선했다. 그리고 요주의 인물로 찍혔다.

삼 개월 뒤에 서울 근교의 창고로 인사발령이 났다. 보복 인사발령이었다. 출근해 보니 창고 사무실에 내 책상은 없었다. 창고장이 제품을

화물트럭에서 내리고 올리고 하는 짐꾼들과 같이 근무하라고 했다. 제품 관리하는 것도 자존심 상해 있었던 나는 그 말에 온몸 온 세포가 얼어붙었다. 일주일간 휴가를 신청하고 직장동료 학교 선후배들의 조언을 들었는데 뾰족한 수가 없었다. 근무 또는 사표 양자택일뿐이었다. 고민하다가 문득 머리를 스치고 지나가는 생각이 있었다. "큰 어려움이 닥쳤다 해서 곧바로 회피하면 넌 세상에 나가 아무것도 할 수 없는 낙오자가 될 것이다. 이 어려움에 도전해서 극복해 내면 또 다른 기회가 생길 것이다" 아내에게 아무리 힘들어도 6개월은 근무하고 사표를 쓰겠다고 말했다. 아내는 안쓰러워하면서도 동의해 줬다.

아내와 시장에 갔다. 검정계통의 작업복 상의와 바지, 안전화, 빨간 고무가 붙은 실장갑 등등을 샀다. 짐꾼으로 새 출발 하기 위한 준비물들이었다. 다음날 창고로 출근해서 창고장에게 근무하겠다고 말했다. 사표 쓸 줄 알았는데 근무하겠다니까 놀라는 눈치였다. 짐꾼들 쪽으로 갔다. 내 소개를 했다. 한 사람이 작업과정을 설명해 줬다. 25킬로 제품 포대가 가득 찬 12톤 트럭이 하루에 대여섯 대 오면 하차해서 창고에 쌓아놓고 중간상들의 트럭에 상차하는 것이 하루 일과였다. 오전, 오후에 빨간 실장갑이 각각 한 켤레씩 해져야 끝나는 고된 작업이었다. 오전만 지나면 힘이 빠져 25킬로 제품 포대 하나를 들어 올리는 데 손이 덜덜덜 떨리고 다음 사람한테 전달하기가 힘들었다. 포기하지 않고 악착같이 제품을 들고 덜덜 떨고 서있으면, 짐꾼 동료가 혀를 쯧쯧 차면서 내 제품을 저쪽으로 훌쩍 던져 줬다. 날이 갈수록 체력이 떨어졌고 힘은 더 들었다. 6개월은커녕 한 달도 버티기 어려웠다.

점심을 먹고 나면 창고 한 귀퉁이에서 한 30분 정도 잠을 청할 수가 있었다. 다디단 꿀잠이었다. 내 몸과 정신은 태평양 심해저에 푹 가라앉아 죽음처럼 고요한데, 어느 순간이 되면 누군가가 저 위쪽에서 내 이름을 부른다. 그 소리에 반응하여 끌려 올라가기 죽도록 싫은데, 계속 부르는 소리에 바다 위쪽으로 내 몸이 올라올 때쯤이면 창고 귀퉁이의 나는 헝클어지고 만신창이가 된 채로 잠에서 깨어나고 있었다. 가끔 울산의 선배 동료들이 여의도 본사에 왔다가 창고 사무실에서 근무하는 줄 알고 나를 보러 왔다가 머리에 먼지가 덕지덕지 붙어있고 빨간 실장갑을 끼고 시커먼 작업복 차림으로 나타난 나를 알아보지 못하다가 이윽고 나인 줄 알면 내 손을 잡고 눈물을 보이기 일쑤였다. 난 그들이 돌아가면 속으로 울었다.

한 달 정도 지나자 근육이 생기고 힘도 생겨서 짐꾼 생활에 적응하기 시작했고 짐꾼 동료들은 나를 자기네 동료로 인정해 주었다. 창고장이 나를 힘들게 해서 일주일 안으로 쫓아내라고 했다는 말도 해주었다. 창고 사무직원들도 창고장이 없으면 나에게 와서 위로를 해주었다. 6개월이 지나자 사표를 쓰고 나왔다.

사표를 쓴 다음 해에 방송 통신대를 졸업했다. 고등학교 졸업한 지 11년 만이었다. 졸업과 동시에 아내와 나는 공무원 시험 준비를 했다. 아내가 먼저 서울시 공무원이 되었고 나는 중앙부처 공무원이 되었다. 공무원 생활 30여 년 동안에 온갖 간난고초 희로애락을 겪었지만 모두 의연하게 대처하면서 지내왔다. 잡초처럼 끈질긴 생명력으로 누군가가 뽑아내려고 해도 뽑히지 않고 온갖 환경이 나를 핍박해도 굴하지 않고 버텨온 결과였다. 특히 창고 짐꾼으로 6개월 동안 살아온 잡초의 삶이 나를 몰라볼 만큼 단단하게 만들었고 위기의 순간에도 흔들리지 않게 만들어 주었다.

지금의 나를 보면 화초인 것 같기도 하다. 화초라 말해도 누가 아니라고 할 사람도 없다. 하지만 내가 가끔 하는 잔기침은 내 뿌리는 잡초라고 상기시켜 준다. 공장에서 화학약품으로 스펀지가 생성되면서 발생하는 유독가스를 마셔대고, 제품 창고 안에서 트럭들이 품어대는 매연을 6개월을 들이마신 결과가 잔기침을 하게 만들었다. 잡초로 살아온 대가이다. 그래도 잡초인 내가 자랑스럽다.

둘째사랑

"툭 툭 툭"

아침마다 할아버지가 곰방대에 남은 담뱃재를 털기 위해 놋쇠 화로를 두드리는 소리에 잠을 깼다. 내가 잠을 더 자기 위해 꼼지락대다가는 어김없이 할아버지 불호령을 맞기 일쑤였다. "일어 나그라! 학교 가야 제!" 방문 창호지로는 아직 잠에서 덜 깬 어렴풋한 새벽빛이 들어오고 있는 시각이었다.

엄마가 차려준 새벽밥을 대충 먹고 두어 권의 책과 공책을 보따리에 둘둘 말아서 오른쪽 어깨에서 왼쪽 허리 쪽으로 질끈 둘러매고 집을 나섰다. 두어 달 전 전주 동중학교 앞에 있는 신방죽거리에서 동초등학교를 다니다가 완주군 도계리로 이사 왔다. 집에서 5리 길을 걸어 나가 상운리에서 시외버스를 타고 전주 형무소 앞에 내려 십여 분 걸어가면 동초등학교가 나왔다.

상운리 가는 구불구불 5리 길은 논으로 둘러싸여 소달구지만 간신히

다닐 수 있는 길이었다. 해 뜰 무렵이어서 주변의 볏잎들은 몸을 씻느라 물방울 서너 개를 매달고 있었고 어슴푸레한 안개가 살짝 서리어 있어서 잠에서 덜 깬 듯한 나는 몽롱한 꿈속을 걷는 것 같았다. 이러구러 상운리에 도착하면 1시간에 한 번씩 지나가는 버스에 몸을 싣고 약 사십분 시달리다 내려서 학교에 가곤 했다. 학교에 가면 파김치가 되어 공부는 뒷전이었고 집으로 돌아가는 길 또한 만만치 않았다. 힘들었다. 특히나 등굣길 버스 안은 지옥이었다. 등교 시간, 출근 시간에 맞추어 다니는 버스가 한두 대뿐이어서 항상 콩나물시루였다. 버스차장은 승객이 만원이어서 차문이 안 닫히면 두 손으로 양문 지줏대를 잡고 버스 차문에 매달려서 자기 몸으로 승객들을 안으로 밀어 넣곤 하였다. 버스를 타면 초등학교 3학년생인 나는 내 몸 하나 건사하는 것도 어려웠다.

버스가 다니는 신작로는 깔아놓은 돌무더기들이 버스 무게에 못 이겨 움푹 패이거나 빗물에 패인 오래된 길이어서 버스는 속도도 제대로 못 내고 좌우로 출렁이는 것이 다반사였다. 버스가 승객으로 꽉 차면 운전사는 요령을 부려 급출발 급제동을 몇 번 하면 다시 승객을 태울 수 있는 공간이 생겼다. 버스가 요동을 칠 때마다 나는 어른들 엉덩이 사이에 끼여서 이리저리 휩쓸리면서 넘어지지 않으려고 안간힘을 다 썼고 급기야는 울음이 터지기 일보 직전까지 갔다. 어른들도 자기 몸 추스르기에 바빠서 별로 관심을 보이지 않았다.

그렇게 악전고투를 하면서 등교를 하던 어느 날, 상운리 다음 정거장인 용봉리에서 버스가 정차하고 승객을 태우기 위해 문이 열렸는데 나보다 좀 작은 여자아이가 부모의 배웅을 받으며 쭈뼛쭈뼛 올라탔다. 나와 여자아이 엄마와 눈이 마주쳤는데 근심스러운 표정이 갑자기 환하게 바뀌더니 자기 딸을 바라보고 "애야. 그 오빠 손잡고 같이 가그라" 하고 다급하게 말했다. 연이어 나를 보고 "어느 핵교 다니제?"라고 물었다. "동초등학교 다니는디요" "그래에?" "니들 핵교가 같응께 함께 다녀라 잉?"하고 다짐을 받으려 한다. "예, 알았시유" 아주머니는 연신 나를 보고 웃으시며 고개를 끄덕이신다. 이윽고 차문이 닫히고 버스가 달리기 시작했다. 어느새 우리는 손을 꼬옥 잡고 있었다.

"오빠 이름이 머시여?" 두어 정거장이 지난 후에 여자아이가 나에게 물어왔다. "내 이름?" "그냥 유노랑께. 하유노" 나는 어깨를 조금 으쓱거리며 대답했다. "니 이름은 뭐제?" "순이야, 손민순이…" 순이가 수줍은 듯 손가락을 입가에 대고 말했다. 덜컹거리면서 달리던 버스가 전주 형무소 앞에서 멈추었고 순이와 나는 내려서 오르막길을 십여 분 걸어 동초등학교에 도착했다. 순이와 나는 수업이 끝나면 만나서 같이 가기로 하고 헤어졌다. 다른 때 같으면 학교에 도착했을 때 많이 힘들었었는데 오늘은 멀쩡하면서도 힘이 났다.

순이와 나는 등교 때마다 버스 안에서 만났고 하교 때도 같은 버스를 타고 다녔다. 하교 때 순이 집 앞에 있는 용봉 버스정류장 앞에서 순이 엄마가 항상 순이를 기다리고 있었고 일부러 나를 찾아 눈웃음을 지어 주곤 했다. 좋았다. 하지만, 등교 버스 안은 항상 힘들었다. 오늘은 승객들이 유독 많아서 우리는 어른들의 엉덩이 정도에 얼굴이 끼여서 숨도 제대로 쉬지 못할 지경이었다. 힘든 와중에서도 순이를 힐끗 바라보니 울음을 터트리기 일보 직전이었다. "순이야! 쬐끔만 참으랑께. 곧 내릴 거랑께!" 순이는 나를 보고 알겠다는 듯이 고개를 끄덕였다.

    버스가 자갈길 신작로를 하염없이 꿀렁이며 가고 있었고 버스가 지나간 뒤로는 자욱한 먼지가 뽀글뽀글 피어나고 있었다. 멀리서 다음 정거장이 보이고 버스를 탈 몇몇 승객들이 보이자 운전사는 공간을 확보하기 위해 한두 번 급정거와 급출발을 하였다. 버스 안에서는 승객들의 비명 소리가 울려 퍼졌다. "아이구메~" "우째 이런당가?" "기사 양반! 차 좀 똑바로 몰랑께!" 어른들도 자기 몸을 주체 못해 앞뒤로 출렁이는 상태에서 급기야는 순이가 참았던 울음을 "으앙!"하고 터트렸다. "울지 마랑께, 울지 마 순이야!" 내가 다급하게 말했지만 순이는 계속 울었다. 그런 모습을 보던 나도, 나도 모르게 소리를 내어 울고 말았다. 우리가 쌍으로 울어 대니까 그제서야 어른들은 자기들 엉덩이에 끼여 어쩔 줄 몰라 하고 있는 우리는 발견하곤 "조심들 혀! 여기 쬐그만 애기들 뭉개 죽겠어!" 하면서 몸을 비틀어 우리가 숨 쉴 공간을 만들어 주었다. "휘유, 살았다"

그때 운전기사가 우리를 향해 큰소리로 말했다. "느그들은 여기 모터 뚜껑 위에 걸터앉아 가그라." 버스의 운전석 옆에는 커다란 모터 덮개가 있었고 그 위로는 승객들의 짐들이 차곡차곡 쌓여 있었는데 기사 아저씨가 짐들을 좀 정리하자 모터 앞쪽에는 엉덩이를 들이밀고 걸터앉을 만한 쬐그만 공간이 겨우 생겼다. 그 자리에 앉으니 정말 좋았다. 순이도 눈물을 그쳤다. 얼굴에는 생기가 도는 것 같았다. 조금 있으니 모터 열기가 모터 덮개를 타고 엉덩이에 전해져 왔다. 기분 좋게 따뜻했다.

그날 이후로 모터 덮개 앞쪽은 우리들의 차지가 되었고 아침 등교시간은 신나는 시간이 되었다. 버스가 달리기 시작하면 멀리서 보일락 말락 한 신작로의 양쪽에 작은 플라타너스 나무들이 점점 커지면서 우리를 향해 달려오고 순식간에 우리를 지나쳐 갔다. 어떤 플라타너스 나무들은 긴 손을 흔들며 버스를 토닥이면서 우리에게도 다정한 인사를 건네는 것이었다. 시시각각으로 변하는 주변의 풍경들을 바라보면서 순이와 나는 신나게 쉬임 없이 재잘거렸다.

그렇게 두어 달이 지나갔다. 가을이 깊어 주변이 울긋불긋 해졌다. 오늘은 토요일이었다. 등굣길에 내가 순이에게 오늘은 돌아갈 때 버스를 타지 말고 걸어서 가자고 말했다. 집에 가는 길은 눈에 선했다. 몇 달 동안을 똑같은 한길을 버스 타고 다녔으니까 집에 가는 거야

간단했다. 순이는 걱정이 되는 듯 대답을 안했지만 내가 별거 아니라는 투로 얘기하면서 나는 걸어갈 거라고 힘주어 말하니까 마지못해서 나랑 같이 가겠다고 말했다. 여태껏 혼자 버스를 타고 집에 가본 적이 없으니까 걸어가도 나랑 같이 가는 것이 좋겠다고 생각한 것 같았다.

학교가 파하고 둘이 걷기 시작했다. 약간 내리막길을 10분 정도 가면 전주형무소 정거장이 나오고 오른쪽으로 방향을 틀어 쭈욱 걸어가면 동중학교, 공동묘지, 아리랑고개, 초포 다리 다음에 순이네 집이 나오고 상운리 정거장이 나온다. 상운리에서 내려 오른쪽 길로 접어들어 30분 정도 걸어가면 도계리 우리 집이 나온다. 형무소는 신작로에서 100여 미터 떨어진 야트막한 언덕 위에 불그스런 벽돌로 지어진 높은 담벼락으로 둘러싸여 있었고 동서남북에 담벼락 모서리에 높은 망루가 설치되어 있었다. 그 망루 안에는 긴 총을 어깨에 찬 간수들이 있었는데 신작로에서도 그들의 움직임은 보였다. 우리들이 걸어가고 있는데 "철컥철컥"하는 소리가 들렸다. 심심하던 간수가 우리가 지나는 걸 보고 장난삼아 총 쏘는 시늉을 한 거였다. 우리들은 깜작 놀라 "어매야!" 하면서 뛰어 지나갔다.

한참을 걸어가니 동중학교 앞에 있는 신방죽이 나왔다. 우리가 도계리로 이사 가기 전에 살았던 집 바로 옆에 있는 그리 크지 않은 방죽이었다. 큰비라도 오면 물이 넘쳐흘렀다가 날이 가물면 밑바닥을 드러내어 동네 사람들이 붕어, 미꾸라지, 뱀장어 등을 신나게 잡는 곳이었다.

우리가 지나갈 때는 적당히 물이 있어서 낚시하는 사람들과 투망을 던지는 사람들이 있었다. 신방죽에 살 때 아빠는 틈만 나면 투망을 던져 붕어를 잡아 매운탕을 끓여 먹었다. 내 생각에 아빠는 투망을 던지는 예술가였다. 밀짚모자를 쓴 채 어깨에 투망을 질끈 짊어지고 물가로 두어 발 걸어 들어가 상체를 뒤로 움직였다가 앞으로 힘차게 움직이면서 투망을 허공에 던지면 끝에 무거운 납이 달린 투망이 널따란 원을 아름답게 그리면서 "촤악!"하고 물 위로 떨어졌다. 물속에서 유유자적하던 물고기들은 영문도 모른 채 강제로 뭍으로 끌려 나와 온몸을 퍼덕퍼덕 거리며 물방울을 사방으로 튀겨대었다. 그러면 아빠 옆에서 수대에 붕어를 주워 담는 것이 나의 주된 임무였다. 오늘 투망을 던지는 사람은 아빠처럼 동그란 원을 제대로 그리지 못하고 연신 찌그러진 원만 그리고 있었다. 우리는 혹시라도 튀길 물방울을 피하기 위해 멀찌감치 서서 바라보았다. 그래도 동중학교를 지나 공동묘지가 나오기 전까지는 이런저런 구경으로 재미있었다.

   동중학교를 지나고 한참을 걸어가니 신작로 왼편으로 야트막한 산에 공동묘지가 조성되어 있었다. 묘지 옆으로 걸어가다 보니 괜히 귀신이라도 나올 것 같은 분위기였다. 사람들이 별로 없어서 더 무서웠다. 걸어가던 순이가 물었다. "오빠, 뫼똥은 왜 만들제?" "사람이 죽으면 땅을 파고 만드는 거제" 나는 그것도 모르냐는 듯이 으쓱거리며 말했다. "근디 사람은 왜 죽는 거제?" 다시 순이가 물었다. 그것은 나도 몰랐다.

왜 죽을까? 라고 머릿속으로 되뇌이며 생각을 해도 답이 떠오르지 않았다.

디만, 몇 년 전에 돌아가신 할머니 생각이 났다. 어느 날 갑자기 사람들이 많이 모였고, 아빠가 누르스름한 삼베옷과 삼베 누건을 쓰고 있다가 동리 어른들이 오면 눈물은 흘리지도 않으면서 쉰 목소리로 "어이~ 어이~ 어이~" 하며 세 번 우는 척 했다. 마당에는 아름답고 화려한 색상의 꽃상여가 놓였었고 불어오는 산들바람에 예쁜 종이꽃들이 흔들리고 있었던 기억이 났다. 내가 자신 없는 목소리로 순이에게 말했다. "사람이 자다가 아침에 못 일어나면 죽는 거제…" 순이가 그 대답을 듣고 발걸음을 멈추었다. 그리고 나를 보고 약간 무서운 듯 몸을 움츠리며 떨리는 목소리로 물어왔다. "그럼… 우리도 죽는 거야?" 우리도 죽는 거냐고? 솔직하게 말해 그런 생각은 전혀 해본 적이 없었다. 그런데 언젠가는 할머니처럼 나이가 많아지면 죽어야 할 것 같았다. 갑자기 두려워지기 시작했다. 주먹으로 한 대 맞은 듯 멍하게 서 있는 나를 보고 순이가 말했다. "모르제?" 우리는 한동안 말을 잊고 걷기만 했다. 확실치는 않았지만 나와 순이는 언젠가는 죽어야 한다는 사실을 어렴풋이라도 알아챘기 때문이다.

한참을 걷다가 순이가 갑자기 호기심이 가득해진 눈을 또랑또랑하게 뜨고 나에게 물었다. "오빠. 근디 우리는 어디서 생겨났지?" "어디서 생겼냐고?" "응. 어디서?" 난 순이를 이해할 수가 없었다. 어떻게 이런 바보 같고 아무도 관심을 가지지 않는 질문을 하는지. 한편으로는 대답하기 어려운 질문만 골라 하는지 오빠노릇 하기도 힘들었다. 다른 애들과는 이런 얘기를 해본 적도 없었다. 가끔 엄마가 내가 말을 안 듣고 말썽 피우면 다리 밑에서 주워온 놈이라 했었다. 그럼 나는 엄마한 테 궁금한 질문들을 해댔다. 나를 정말 다리 밑에서 주워 왔냐? 그럼 난 누구냐? 진짜 우리 엄마는 어딨냐? 질문을 하다 보면 정말 슬퍼졌다. 온 세상에 내 편은 아무도 없는 것 같아 울먹울먹 하고 있으면 엄마가 장난스럽게 웃으며 "아이구! 내 새끼! 넌 내 배꼽으로 나왔지"하고 나를 부드럽게 꼬옥 안아줬던 생각이 났다. 난 순이에게 자신 있게 말했다. "우리들은 엄마 배꼽에서 생겼어" "그려어?" 순이가 놀랬다는 듯이 말꼬리를 치켜 올리면서 잘 알았다고 고개를 끄덕였다. 이윽고 공동묘지를 지나쳤다.

버스가 부웅 하며 지나갔다. 뿌연 흙먼지가 우리의 시야를 가렸다. 높은 고개 2개가 연이어 있는 아리랑고개를 넘다 보니 점점 힘이 빠지기 시작했다. 많은 시간이 흘렀다. 2시간이면 충분이 갈 수 있을 거라고 생각했는데 벌써 3시간이나 지났다. 우리가 가지고 있는 차비와 비상금은 벌써 건빵, 풀빵, 아스께끼 등 군것질로 다 써버렸다. 차비가 있었다면 아까 지나갔던 버스를 탈 수 있었을 텐데… 힘들어도 계속 걸어가야 한다는 사실이 더 힘 빠지게 만들었다. 그런데도 순이가 있어서 내색을 할 수 없었다. 순이도 힘들어하는 표정이 역력했다.

다리가 후들거려서 신작로 가로수 밑에 앉아 쉬고 있는데 소달구지가 우리 쪽으로 "딸랑 딸랑" 소리를 내면서 오고 있었다. 소목에 방울을 달아 놓아 소가 움직일 때마다 "딸랑 딸랑" 소리가 났다. 늦은 토요일 오후 사람도 없는 한적한 농촌 신작로에서 꼬맹이 둘이서 나무 밑에 움츠리고 있는 걸 본 아저씨가 우리에게 "느그들 거기서 뭐하제?"라고 물었다. "용봉까지 가는데 걸어 갈라고요." "그려어? 한참 남았응께 달구지에 타라. 내가 초포 다리까지 태워 줄랑께" 아저씨는 초포 다리 삼거리에서 왼쪽으로 가고 우리는 초포 다리를 건너서 한 정거장만 걸어가면 순이 집이 있는 용봉에 도착 한다. 아저씨는 꼬맹이들이 겁도 없이 전주에서 어떻게 걸어올 생각을 했냐면서 혀를 끌끌 차며 혼잣말을 했다. "하여튼 요즘 꼬맹이들은 우리 때 하고는 틀려…" 순이와 나는 한가롭게 흔들거리는 소달구지에 몸을 맡기고 같이 흔들거렸다. 순이는 내 어깨에 기대어 있었는데 규칙적으로 들려오는 "딸랑 딸랑"거리는 소리에 어느새 새근새근 잠이 들었다. 나도 덩달아 잠들었다.

"아그들아 일어 나그라. 초포다리 다 왔다." 잠깐 잠들었는데 눈앞에 초포다리가 있었다. 순이도 초포다리를 보더니 힘을 냈다. 다음 정거장 옆에 자기 집이 있는 걸 알고 있었다. 아저씨한테 고맙다고 인사를 했다. "집에서 느그들 어매 아배가 걱정하겠다. 싸게싸게 가거라" 소달구지는 방울소리를 딸랑거리며 왼쪽 길로 사라졌다. 우리는 초포다리 밑으로 내려가 손발을 물에 담갔다. 시냇물이 하도 맑아서 바닥에 깔린 돌 위에 대수리 몇 마리가 붙어 있는 것도 선명하게 보였다. 목이 말라 조금 윗쪽으로 올라가 시냇물을 벌컥벌컥 들이마셨다. 시원했다. 점심 전에 전주에서 출발했는데 어느새 해가 뉘엿뉘엿 지기 시작했다. 너무 늦었다. 2시간 정도면 충분할 줄 알았는데 5시간이나 걸렸다. 서둘러 초포다리를 지나 오른쪽으로 꺾어진 신작로에 들어서자 멀리서 용봉 정류장이 보였고 순이네 집 앞에서 대여섯 사람이 서성이고 있다가 우리를 보자마자 달려오기 시작했다.

가장 먼저 순이 아빠가 득달같이 달려와서 외마디 비명처럼 소리를 질렀다. "순이야!" 순이는 너무나 힘들었는지 "아배! 아배!"하고 눈물을 터트리며 아빠 품에 안겼다. 그 사이 순이 엄마도 달려와서 순이를 부여잡고 "아이구 이것아, 왜 버스 안 타고 걸어 오냐?!" 하면서 안도의 눈물을 와락 터트렸다. 순이 부모님은 순이가 도착할 무렵의 버스부터 지금까지 집앞 정류장에서 버스에서 순이가 내리기를 학수고대하고 있었고 버스가 도착하면 순이가 내리겠지 기대 했다가 나타나지 않으면 다시 오만걱정에 쌓인 채 다음 버스가 올 때까지 기다리기를 반복하고 있었다. 거기에다 해까지 서산에 걸려 있는데 나타나지 않으니 애간장이 몇 번이나 다 녹아내려 몸과 마음이 무너지기 직전에 우리가 나타난 것이다. 순이가 말했다. "오빠가 걸어오자고 했어" 동리 사람들도 애를 찾아서 다행이라고 한 마디씩 거들면서 나를 아주 나쁜 놈 취급했다.

순이 아빠는 나를 무서운 눈으로 한 번 쳐다 본 뒤 다시는 아는 체를 하지 않았지만 그래도 순이 엄마는 순이와 내손을 잡고 집으로 향했다. 왜 걸어왔냐 어쨌냐 그런 말은 하지 않으시고 배고플 텐데 밥 먹고 가라고, 풀이 죽어서 눈을 내리깔고 땅만 꿈벅꿈벅 바라보고 있는 나에게 말했다. 금세 밥을 지어 상을 내왔다. 순이랑 같이 먹었다. 점심도 굶고 군것질로 때우고 5시간이나 걸어와서 너무 배고팠고 힘들었다. 밥은 쌀이 반이나 섞인 평상시에는 입에 대기도 힘든 맛있는 밥이었다. 밥을 허겁지겁, 게걸스럽게 먹으면서도 순이 엄마가 등하교 길에 순이와 함께 해 준 친구로 인정해 주는 것 같아 기분이 좋았다. 순이랑 밥을 먹고 집을 나서는데 순이가 나에게 말했다. "오빠! 잘 가" 집에 와서 엄마 아빠를 만나서인지 얼굴에 화색이 돌았고 오후 내내 찡그렸던 순이 얼굴에 웃음기마저 감돌았다. "그래, 잘 있어" 순이랑 눈을 맞추고 작별인사를 한 다음 정거장인 상운리로 걸어가려는데 순이 엄마가 상운리 버스를 타도록 도와주었다. 고마웠다.

상운리에서 버스를 내리니 어둑해져 있었다. 논 사이로 난 5리 길만 걸어가면 집이다. 막 뛰어가려고 하는 데, 뒤에서 다급한 귀에 익은 목소리가 들려 왔다. "윤호야!" 엄마였다. 엄마도 순이 엄마와 마찬가지로 서너 시간을 정거장에서 애가 타서 발을 동동 구르며 나를 기다리신 것이었다. "아이구! 이눔의 자식아! 왜 인자 오는 것이여? 너 때문에 집안이 발칵 뒤집혀 부렸어. 할아버지가 얼마나 애타지게 기다리는 줄 알기나 허냐?"하면서 손으로 엉덩이를 서너 번 쳤지만 대수롭지 않게 생각했다. 5리 길을 엄마 등에 업혀서 오는 동안 순이랑 전주에서 걸어온 애기를 신나게 떠들었다. 엄마는 말없이, 철딱서니 없이 떠드는 내 애기를 들어 주었다. 혹시나 어떤 사고라도 당했을까봐 노심초사했던 마음이 나를 보자마자 사라지고 내가 무사히 왔다는 사실만을 감사하게 생각하신 것 같다.

집에 도착하자마자 마당에서 서성이던 할아버지는 나를 보더니 안도의 한숨을 쉬는 것과 동시에 "이눔! 고얀 노옴! 하면서 나를 안방으로 끌고 갔다. 한 번도 큰소리로 야단을 맞은 적이 없었지만 이날만큼은 달랐다. 종아리를 걷어 올리고 퇴침에 올라섰다. 할아버지가 회초리로 내 종아리를 사정없이 때렸다. "아구메! 할배! 잘못했당게요. 잘못했당게로요" 할아버지한테 처음으로 맞았다. 하지만 전주에서 걸어온 것이 그렇게 큰 잘못인 것 같지는 않았다. 나에겐 신나는 모험이고 재미있었던 토요일 오후일 뿐이었다.

"툭 툭 툭"
새벽에 할아버지가 곰방대에 남은 담뱃재를 털기 위해 놋쇠 화로를 두드리는 소리에 잠을 깼다. 오늘은 월요일 순이를 만나는 날이다. 잠을 더 자기 위해 꼼지락댈 생각은 하지 않고 바로 일어났다. 할아버지가 "일어나그라! 학교 가야제!"라고 말할 틈을 주지 않았다. 방문 창호지로는 아직 잠에서 덜 깬 채로 서둘러 달려온 새벽빛이 들어오고 있는 시각이었다. 상운리로 걸어가면서 종아리를 만져 보았다. 아직도 우둘투둘 했다. 살색도 조금 퍼런빛을 띠었다. 틀림없이 순이가 보면 물어보겠지. 왜 그러냐고, 할아버지한테 맞았다고 얘기를 해야 하나 아니면 다른 핑계를 대야 하나. 순이도 혼났을까 이런저런 생각을 하면서 상운리에서 버스에 올라탔다.

용봉에 도착하자 버스문이 열리고 몇사람이 올라 탔다. 항상 보이던 순이 엄마가 보이지 않았다. 순이도 안보였다. "어?" 하는 사이에 버스는 용봉을 출발했다. 걸어오느라 몸살이 났는가 보다 라고 생각했다. 학교에 도착한 뒤, 혹시 다음 버스라도 타고 왔을까 하고 순이네 반을 찾아 갔는데 없었다. 다음날 용봉에서 버스가 멈추었지만 역시 순이는 없었다. 버스 차창 밖으로 순이네 집이 보였다. 당장 뛰어 내려서 순이야 하면서 대문을 밀어 제치고 싶었지만 그럴 수는 없었다. 괜시리 눈물이 났다. "순이야~" 울먹울먹 나지막이 불러 보았다. 다음날도 그 다음날도 순이는 볼 수 없었다. 그제서야 토요일 날 전주에서 용봉까지 걸어온 일이 단순히 신나고 재미있는 일이 아니라는 것을 깨달았다. 내가 왜 걸어가자고 말했을까? 하지 말아야 할 말을 왜 했을까? 어린 마음에도 정말 후회가 되었다.

 순이가 버스에 올라타기를 헤아릴 수 없이 고대했던 나에게는 순이가 없는 버스 모터 앞자리는 의미가 없었다. 버스 타기도 싫었고 학교 가기도 싫었다. 버스가 용봉을 지나칠 때마다 고개를 뒤로 제치고 까르르 웃던 순이가, 눈을 동그랗게 뜨고 사람이 왜 죽는지, 우리가 어떻게 생겨났는지 엉뚱한 질문을 해대던 순이가 보고만 싶었다. 달빛도 반딧불이도 하나도 없는 그믐밤 산길을 혼자 걷고 있는 듯한 쓸쓸함과 그리움이 갓 열 살 내 조그만 가슴을 후비고 들어왔다.

이별여행

"응. 가끔씩 만나"
잠결에 무심코 뱉어낸 나의 이 한마디에 아내는 상당한 호기심(?)이 발동한 모양이었다. 잠꼬대를 하면서까지 가끔 만난다는 사람이 과연 누구일까 하고….

아침식사 중에, 나의 기억에는 있을 리 없는 그 한 마디를 가지고 도대체 누구를 만나느냐, 이름이 무엇이냐, 여자냐 남자냐, 예쁘냐 라는 등 얄궂은 질문을 해대면서 나의 표정을 민감하게 좇고 있는 아내의 눈길을 보면서 나는 묘한 감정에 사로잡혔다.

조금 후 아파트 문을 열고 나서니 찬 공기가 어둑어둑한 새벽길을 반겨준다. 해마다 3월이 되면 뜻이 맞는 친구들과 훌쩍 여행을 떠나곤 했었는데, 올해엔 인천으로 바다여행을 가기로 했다. 이곳 역촌동에서 출발지인 사당전철역까지 총알택시로 약 20분! (출근시간대엔 1시간 20분 거리인데 빨라도 너무 빨랐다) 6시경에 바람막이 등으로 무장한 옷차림을 한 일행이 도착하자마자 인천 남항부두를 향해 봉고 출발!

　자리를 잡고 의자에 몸을 기대니 졸음이 밀려와 비몽사몽간이 되었다. 아침일이 떠올랐다. 내가 알지도 못한 사이에 그런 말을 했다니, 나도 모르는 사이에 내가 가끔 만나는 사람은 누구일까? 이런 은밀한 만남이라면 그 사람은 남성이 아닌 여성일 것이라는 생각이 들었다. 현실의 자의식에 눌려서 무의식의 세계로 쫓겨 갈 수밖에 없었던 여인. 나의 무의식의 세계에서 현실 의식세계로 탈출하기 위해 끊임없이 문을 두드리는 여인. 그리하여 나로 하여금 기억에도 없는 꿈을 꾸게 만들고 급기야는 "응. 가끔씩 만나"라는 말을 하게 만들었던 여인, 그 말을 듣고 무의식속의 그 여인은 만족한 미소를 띠었을까? 나도 모르게 정말 만나보고 싶은 간절한 생각에 기억을 더듬어 보았지만 선뜻 떠오르지 않았다.

　누구일까…?

　새벽길이어서 봉고차는 거침없이 달렸다. 톨게이트를 지나자 이내 남항부두가 나왔다. 우리 일행을 태울 인천101호는 파도가 치면 곧 뒤집어 질 듯한 많은 소형어선들 사이에 있는 제법 어른스러운 배였는데 유람선으로 제작된 배였다. 이층 난간엔 의자들이 가지런히 배치되어 있었고, 돛대에는 이배의 관록을 보여주는 듯한, 곧 해어질 듯 빛바

랜 태극기가 소금기 가득한 바닷바람에 연신 펄럭이고 있었다.
　바다여행에 참석한 우리 일행이 모두 올라타자 선장 겸 선원인 붉은 콧수염이 배를 고정시켰던 밧줄을 잽싸게 풀었고 인천101호는 기지개를 켜듯이 뱃고동을 부우- 울리며 서서히 움직이기 시작했다. 가볍게 흔들리는 선체에 몸을 의지하고 주위를 둘러보았다. 옅은 안개에 쌓인 공장굴뚝사이로 태양이 희끄무레 빛나고 있었고 소형어선들은 잔잔한 물결에 몸을 맡기고 휴식을 취하고 있었다. 모든 것이 평화로웠다. 잠시 후 우리 배는 육지에서 상당히 멀어져 있었고 앞쪽으론 보일락 말락 한 수평선이 포근하게 펼쳐져 있었다.

　무심코 앞쪽에 시선을 주었다가 안개에 쌓인 수평선을 어디선가 많이 보았다는 생각이 드는 순간 하나의 눈망울이 떠올랐다. 바다가 고여 있는, 아득한 수평선이 펼쳐져 있는 듯한 커다란 눈망울을 소유한 선이, 박미선이…. 그 선한 눈망울 속에 잠겨서, 푸욱 잠겨서 꿈을 꾸고 싶었던 소망으로 온몸이 목말라하던 그런 시절이 있었다. 그때 만났던 선이가 나의 내면의 세계에서 몸부림치고 있는 것이 틀림이 없다고 생각되었다.

　내가 서울 근교의 공군부대 의무대에서 일병으로 복무 할 무렵, 그녀가 군무원으로 들어와 병원에서 같이 근무하게 되었다. 자그마한 키에 항상 몸에 맞지 않게 헐렁하게 옷을 입고 다니던, 그리고 커다란 눈망울에 초롱초롱한 희망을 간직하고 다녔던 선이, 운명처럼 가까워지게 되었고 어느 날 내가 끄적거린 낙서 같은 글들을 보고 문학 쪽에 소질이 있어 보인다며 월급을 타면 꼬박꼬박 문학서적을 사다주었던 그녀는 내가 상병으로 진급하던 날, 좋아라 하며 헤르만 헷세의 『싯달타』와 『왜 나를 말하기를 두려워하는가?』라는 책을 선물해 주었다. 전자의 책은 나에게 어떻게 살아가는 것이 아름다운 삶일까하는 고민을 듬뿍 안겨주었고 후자의 책은 그녀와 나와의 관계를 더욱 가깝게 해준 계기가 되었다.

사랑하는 사람에게 자기의 내면을 진실하게 드러내지 못한다면 그것은 위선으로 포장된 하나의 유희일 뿐, 선이에 대한 나의 진솔 된 마음, 현재 나를 둘러싸고 있는 불우한 가정환경, 공고졸업에다 뚜렷한 목표도 없는, 더 나아질 것 같지도 않은 앞날… 선이는 커다란 눈을 지그시 닫고 푸념어린 그리고 희망 없는 얘기를 끝까지 들어 주었다. 그리고 고개를 들어 나를 바라보았다. "그랬었군요. 저는 하 상병님의 모습에서 그런 어두운 면을 전혀 발견하지 못했어요. 용기를 내세요" 선이는 아는 것만이 사람을 어둠속에서 구제하고 앞날에 대한 희망을 갖게 해준다며, 늦지 않았으니 지금부터라도 공부를 시작하라고 그 커다란 눈에 잔잔한 물결을 일렁이며 속삭이듯 얘기했다. 그러면서 자기도 배움에 목말라 ○○여대 야간에 다니는 중이라고 얘기했다.

그런가?

희망을 가질 수 있는가?

눈앞에는 망망대해가 펼쳐져 있고 섬들은 외로이 둥둥 떠 있었다. 서로가 서로를 부르며 화답하듯이 한 섬을 지나치면 또 하나의 섬이 나타나고 그게 마지막이려니 생각하면 또 다른 섬이 그림자저럼 아스라이 보이곤 했다. 어쩌면 우리의 희망은 섬과 같은 것 일거야. 희망하는 곳에 다달았다 싶으면 어느새 저 멀리 달음질쳐 가있고 다시 그곳에 도달하기 위해 새로운 힘을 끌어 올려 도전하고, 궁극에는 희망하는 곳에 도달하는…. 진정한 삶의 원동력은 희망에서 나오는 것이겠지.

선이의 영향으로 희망이란 낱말을 품게 된 나는 제대 후인 83년도에 방송통신대 행정학과에 입학하게 되었다. 3교대 근무의 고달픈 직장생활 속에서, 순간순간 밀려드는 학업에 대한 회의와 좌절감속에서도 해맑은 그녀의 눈망울은 등대가 되어 나를 지켜주고 있었다. 그녀를 생각할 때마다 가슴 깊숙한 곳에서 밀려오는 엄청난 힘과 기어이 해내고야 말겠다는 투지가 용솟음 쳤고 그로인해 온갖 어려움을 극복해 낼 수가 있었다. 88년 인고의 방송통신대 졸업장을 받음과 동시에 다니던 직장을 그만두고 공무원시험에 응시, 새로운 삶의 터전을 마련하게 되었다. 이 모든 것을 있게 한 선이…

우리 앞쪽으로 스쳐가는 소형어선에서 어부들이 손을 흔들어 인사를 건네 왔고 우리들도 즐거운 마음으로 손을 높이 흔들어 주었다. 이렇게 손을 흔들면서 무언의 대화를 나누는 것은 정말 유쾌한 일이지. 손을 흔들면서 다가오는 선이를 바라보면서 나는 생각했다. 오늘은 선이의 학교에서 축제가 있는 날, 나는 모처럼 휴가를 얻어 냈다. 선이 파트너로서의 역할(?)을 무사히 마치고 종로에 있는 맥줏집으로 들어갔다. 선이의 잔에 맥주를 가득 채워주고 내 잔을 내밀었다. 선이는 고개를 살래살래 가로저으며 "여자가 남자에게 술을 따르는 것은 그 남자를 지아비로 모신다는 결심이 섰을 때 뿐이에요" 수줍게 머뭇거리며 이야기하는 선이를 보면서 섭섭한 생각이 들었지만 괘념치 않았다. 유쾌한 이야기와 함께 술이 몇 잔 돌고 난 뒤, 불그스름해진 선이의 볼이 잘 익은 연시처럼 느껴졌다. 선이가 내 잔을 가져갔다. 그리고 조심스럽게 잔을 채워 두 손으로 건네주었다. 선이와 눈이 마주쳤다. 그녀가 나를 바라보며 수줍은 웃음을 띠었다. 선이가 따라 준 술이 입을 통해 위로 흘러들어가 따스하게 퍼지는 기운을 느끼며 일어섰다.

바깥으로 나오니 조금은 쌀쌀했다. 선이가 팔짱을 끼며 바짝 다가서자 훈훈한 그녀의 체온이 전달되어 왔다. 갈림길이 나왔다. 야간 군용열차를 타고 고향에 가야하는 나에게 선이는 모기만한 소리로 독백처럼 중얼 거렸다. "고향엔 내일 가면 안 되나요…?" 내가 걸음을 멈추자 그녀도 걸음을 멈추었다. 아직도 내 귓속에는 선이의 말이 천둥처럼 울려 퍼지고 있었다. 내일가면 안 되나요 안 되나요…. 한 손으로 그녀의 어깨를 살며시 감싸 안았다. 선이가 얼굴을 가슴에 묻어왔다. 동시에 우리의 심장고동소리가 점점 커져갔다. 숨 막히면서도 안락한 정적이 우리를 휩싸고 돌기 시작했다.

어느덧 돌아갈 시간이 되었다.
출항을 하면 언젠가는 귀항을 해야 하고 입대를 하면 제대할 시간이 오는 법. 무심한 국방부 시간이지만 돌고 돌아 병장이 되었고 제대 3개월을 남겨 놓을 무렵, 선이는 출퇴근 시간이 많이 걸려 고충이 많다면서 집에서 가까운 부대로 옮기기로 했다. 그녀와 떨어져 있는다 생각하니 저절로 쓸쓸해 졌다. 일병 때부터 병장 때까지 서로가 서로의 그림자가 되어주며 하루하루가 설렘과 기쁨으로 가득했는데, 그녀가 빠져나간 뒤에 이 병원 곳곳에 배어있는 그녀의 체취를 무엇으로 감당해 낼까? 이미 내 가슴 깊은 곳까지 점령해버린 선이가 마지막 출근하는 날, 그녀가 출근하기도 전에 완전군장을 꾸리고 사격장으로 구보로 가야만 했다. 마지막 출근해서 내가 보이지 않으면 섭섭해 하며 불안해 할 텐데…. 엎드려서 영점 조절을 끝내고 실탄을 장전하는 사이에도 마지막 날을 혼자서 보내야하는 선이가 안쓰러웠다. 사격 표지판이 빙그레 웃는 선이 얼굴로 보인다. 눈을 깜박이고 나서 다시 바라본다. 또 다시 배시시 웃는 그녀의 얼굴. 사격을 마치고 부랴부랴 병원으로 달려가니 그녀는 보이지 않는다. 이리저리 수소문하고 있는데 그녀가 인사계 쪽에서 병원으로 고개를 숙인 채 터벅터벅 걸어온다.

고개를 떨구고 생각에 잠겨 걸어오는 선이, 병원으로 들어오자마자 다가가 얘기를 건네려는데 화가 잔뜩 난 표정으로 나를 바라보더니 종종걸음으로 지나쳐 버린다. 그녀가 퇴근 때에는 군의관과 선임하사들에게 둘러싸여 작별인사를 하는 바람에 인사말도 변변하게 하지도 못하고 엉겁결에 보내야만 했다. "에이 씨-" 나도 모르게 신경질이 났다. 선이가 야속한 생각이 들기도 했다. 사격훈련 때문에 어쩔 수 없이 자리를 비웠는데, 내 마음을 알아챈 후배들이 조촐한 술좌석을 벌여 놨다. 한 잔, 두 잔, 세 잔…. 술에 약한 내가 금세 나둥그러지자 내 몸이 붕 뜨더니 환자 침대에 눕혀진다. 웃옷과 양말이 벗겨지고 따스한 물수건이 얼굴을 감싸는 걸 느끼며 혼잣말을 되뇌인다. 좋은 후배들….

"난 그대 눈을 보면서 꿈을 알았죠 그 눈물 속에 흐르는 나를 보았죠 우리 이대로 길을 떠나요~" 내가 가수 최진희의 〈물보라〉를 부르고 나자 그녀가 좋아라 하며 박수를 쳐 주었다. 내가 선이를 위해 일부러 배운 노래였다. 그녀는 우리가 이 노랫말처럼 마음껏 소리치고 젊음을 불사르며 우리의 삶을 위해, 저 넓은 세상을 향해 뛰어들 수 있다면 얼마나 좋겠느냐며 우수에 젖은 눈망울로 비인 하늘을 하염없이 바라보았다.

귀대한 다음날 이 간호사가 요즘에도 미선이와 교제를 하고 있냐고 물어왔다. 별 생각 없이 그렇다고 대답하자 "이젠 그만 잊는 것이 좋을 것 같아요"라고 하면서 지나갔다. 처음엔 무심코 흘려버린 말이었는데 시간이 흐를수록 의아심이 생겼다. 왜 그런 말을 했을까? 그만 잊는 게 좋다니, 이 간호사를 간호사실로 오라고 하여 아까 한 질문의 의도가 무엇이었냐고 따져 물었다. 이 간호사는 머뭇거리며 별로 의미 있는 말이 아니었다고 하면서 귀담아 듣지 않아도 된다고 말하고 있지만 얼버무리려는 인상이 짙었다. 내가 납득할 만한 대답을 달라고 재차 요구 했는데도 대답을 하지 않는다. 큰 비밀이 있을 것 같지도 않는데도 침묵을 지키는 이 간호사를 보며 이런저런 생각이 떠올랐다. 선 채로 한 시간 가량 흘러갔다.

안 되겠다 싶어 출입문으로 다가가 문을 잠그며 단호하게 말했다. "진실을 말해주기 전에는 퇴근할 생각은 하지 마십시오" 퇴근시간이 가까워져 오자 숨 막히는 정적 속에서 이 간호사의 숨죽인 긴 한숨 소리가 들려왔다. 그리고 "하 병장님은 이런 행동을 곧 후회하시게 될 거예요"라고 이 간호사가 말했지만 나는 단호하게 말했다. "그럴 일은 절대 없을 겁니다"

조금 후 이 간호사가 괴로운 표정을 지으며 말문을 트기 시작했다. "하 병장님은 2년간 사귀어 오면서 정말 아무것도 몰랐어요? 선이가 왜 사시사철 고집스레 헐렁한 옷만 입고 다니는지 어떤 의문도 갖지 않았어요? 갈수록 몸이 야위어 가는 것을 느끼지 못했나요? 지난여름 장기휴가를 떠났을 때 무엇 때문에 그랬는지 전혀 생각해 보지 않았어요?" 한 번 말문이 터지자 걷잡을 수 없는 질문이 쏟아져 나왔다. 원망과 안타까움이 가득 실린 질문의 의미를 미처 깨닫지 못하고 멍하게 서 있는 나에게 이 간호사는 그간의 이야기를 해 주었다. 선이가 하루는 원장실을 가는 길에 같이 가자고 하여 들어갔는데, 선이가 여자로서의 부끄러움을 잊은 채 원장 앞에서 웃옷을 벗고 왼쪽 가슴을 진단해 달라고 했다는 것, 자기가 보기에도 이상한 느낌이 들 정도의 상태였다는 것, 선이의 이모가 유방암으로 사망했다는 것, 휴가 중 수술을 받았다는 것, 선이가 나에게는 이 모든 것을 비밀로 해달라고 부탁했다는 것!

(……)
인간이란 어떤 존재인가?
얼마나 강해질 수 있으며 얼마나 더 나약해 질 수 있는가?
인간은 망망대해에 출렁이는 단 하나의 물결, 사랑한다 말하기도 전에 순백의 절망으로 부서지는 단 한 번의 출렁임, 하얀 거품을 토해내며 스러지는 단 한 개의 파도! 올라왔다 내려가는 순간에, 뱃전에 허옇게 부서지는 순간에 일생을 끝마치는 것. "후회… 할… 것이라고, 말… 했… 잖아요…" "미… 안… 해… 요…" 이 간호사가 고개를 떨구며 황급히 뛰쳐나갔다.

나는 가슴 속에서 항상 빛나던 별 하나가 떨어지는 소리를 들으며 서서히 무너져 내리기 시작했다. 동시에 멋모르고 활짝 피어나려 했던 나의 영혼도 쓰러져 버렸다. 온갖 쓰러짐과 일어섬의 바다에서 결코 쓰러지지 않는 수평선처럼, 온갖 풍상과 세월이 흐른다 해도 결코 잊혀지지 않을 선이… 우리의 영혼이 어우러졌던 공간, 하루하루 쌓아 올렸던 우리의 소박한 꿈이 아틀란티스 섬이 되었다 할지라도 언젠가는 함께 하리라, 정녕 함께 하리라… 나의 파도가 바위에 부딪쳐 새하얀 포말이 되어, 숨 가쁘게 달려왔던 잿빛세월이 수평선이 되는 순간, 선아! 너와 내가 똑같이 바다가 되는 순간, 잃어버렸던 우리의 별이 떠오르고, 이 지구상엔 아틀란티스 섬이 다시 존재하게 되리니…

  낙조를 받아 황금색 황혼이 된 바다를 뒤로하고 우리는 출발했던 인천남항부두에 도착했다. 붉은 콧수염의 아쉬운 작별인사를 귓가로 흘리고 배와 배 사이를 건너서 뭍에 올라왔다. 모두들 아쉬움과 만족한 피로감에 휩싸여 어둑어둑해진 바다를 돌아보았다. 그리고 저마다의 작별인사를 했다. 이로서 우리 일행의 바다여행은 끝났다. 더불어 나의 내면 여행도 끝났다. 내일은 내일의 태양이 떠오르고 내일엔 또 다른 내가 새롭게 태어나 힘찬 호흡을 하며 활기차게 살아갈 것이다. 서울로 오는 봉고차에 오르기 전에 고개를 돌려 작별인사를 했다.
  바다야 안녕!
  선아 안녕!

  (… 아파트 문을 열며 아내에게 내가 가끔씩 만나는 여자 얘기를

해주기로 마음먹었다. 항상 희망을 가지고 정열적으로 살고자 했으며, 젊음을 불살라 세상을 향해 자기만의 독특한 불꽃을 피워내고자 했으나 끝내 그 꿈을 이루지 못했던 여자 얘기를…)

나의 계절이 오면

펴낸날　2023년 5월 20일

지은이　김정현 박춘걸 배달희 하윤호

펴낸곳　누마루
주　소　35203 대전 서구 둔산대로117번길 44, 601호
전　화　042) 483-0418

ISBN 979-11-89632-05-2　03810

값 13,000원